Rainer Hermann

AFGHANISTAN VERSTEHEN

Geografie, Geschichte, Glaube, Gesellschaft

Klett-Cotta

MIX
Papier aus verantwortungsvollen Quellen
FSC® C083411

Klett-Cotta
www.klett-cotta.de

Cover: Rothfos & Gabler, Hamburg
unter Verwendung einer Abbildung von
© ullstein bild – imageBROKER/Michael Runkel
Karte Seite 206–207: Rudolf Hungreder, Leinfelden-Echterdingen
Gesetzt von Dörlemann Satz, Lemförde
Gedruckt und gebunden von CPI – Clausen & Bosse, Leck
ISBN 978-3-608-98656-3
E-Book ISBN 978-3-608-11896-4

Bibliografische Information der Deutschen Nationalbibliothek
Die Deutsche Nationalbibliothek verzeichnet diese Publikation in der Deutschen Nationalbibliografie; detaillierte bibliografische Daten sind im Internet über http://dnb.d-nb.de abrufbar.

INHALT

WESHALB UNS AFGHANISTAN ETWAS ANGEHT

Kein anderes Land dieser Größe war so oft Schauplatz weltpolitischer Ereignisse wie Afghanistan. Weltmächte wie das British Empire, die Sowjetunion und die Vereinigten Staaten schickten ihre Armeen in das Land und zogen sie wieder ab. Ein deutscher Verteidigungsminister mahnte, Deutschlands Sicherheit werde am Hindukusch verteidigt. Für die einen ist Afghanistan die Bühne, auf der Weltmächte ihr *Great Game* spielen, für die anderen ist es ein »Friedhof der Großmächte«.

Die Geschichte Afghanistans ist die Geschichte fremder Mächte. Im 19. Jahrhundert zog das British Empire die Grenzen Afghanistans, in drei Kriegen vermochten es die Briten allerdings nicht, Afghanistan einzunehmen. Sie entschieden dort jedoch ihren Kampf um die Vorherrschaft mit dem zaristischen Russland zu ihren Gunsten, und Afghanistan wurde der Puffer zwischen dem Kronjuwel ihres Empire, Indien, und Zentralasien. Als im 20. Jahrhundert die Sowjetarmee geschlagen aus Afghanistan als dem letzten großen Schauplatz des Kalten Kriegs abzog, dauerte es nicht mehr lange, bis sich eine demoralisierte Sowjetunion auflöste.

In Afghanistan begann schließlich im 21. Jahrhundert der Krieg gegen den Terror, den die Vereinigten Staaten nach zwei Jahren auf den Irak ausweiteten. Die letzten US-amerikanischen Soldaten verließen nach zwanzig Jahren in der Dunkelheit der Nacht das Land. In quälender Erinnerung bleiben die Bilder, wie nach dem 15. August 2021 und dem Einmarsch der Taliban in Kabul Tausende Afghanen zum Flughafen stürmten in der Hoffnung, auf einem Evakuierungsflug einen Platz zu bekommen. Verzweifelt glaubten sie, ein Verbleib in Afghanistan komme einem Todesurteil gleich.

Das ist bereits Geschichte. Geht uns Afghanistan dann auch heute noch etwas an? Ja, Afghanistan geht uns noch immer etwas an. Wer Soldaten in ein anderes Land schickt – und die Bundeswehr stellte in Afghanistan zeitweise das zweitgrößte Kontingent –, übernimmt für dieses Verantwortung. Die Soldaten hatten ein Vakuum gefüllt, und das kehrte nach ihrem Abzug zurück. Afghanistan geht uns auch etwas an, weil die Beben, die das Land erschüttern, selbst hierzulande zu spüren sind – sei es wegen des transnationalen Terrorismus, der gescheiterte Staaten als Rückzugsorte sucht, sei es wegen der Flüchtlinge, die seit Jahrzehnten ihre kriegszerstörte Heimat verlassen. In Deutschland leben 300 000 Afghanen oder Deutsche afghanischer Abstammung.

Kriege enden meist nach einigen Jahren oder nach einem Jahrzehnt. So war es in Vietnam, auf dem Balkan und in Ruanda; in Syrien dauert der Krieg seit 2011. Wie kein anderes Land wird Afghanistan aber seit einem halben Jahrhundert von Krieg und Gewalt heimgesucht. Es ist das Brennglas für viele Krisen unserer Zeit. Es zeigt, wie äußere Einmischungen ein Land zum Spielball machen und es nicht befrieden, wie schlechte Regierungsführung in einen gescheiterten Staat abgleitet, wie Terror entsteht und sich ausbreitet, wie Krieg und Gewalt Menschen zu Flüchtlingen machen.

Vieles davon gilt auch für den Nahen Osten, für die Konfliktregion, die sich vom Persischen Golf entlang der südlichen Mittelmeerküste bis an den Atlantik zieht. Mehr Resolutionen als zum Konflikt um Palästina hat der UN-Sicherheitsrat zu keinem anderen Thema verabschiedet. Auch den Nahen Osten prägen seit Jahrzehnten Kriege; bei einigen spielte das Erdöl eine Rolle. Der dschihadistische Terror hat seine Wurzeln in der arabischen Welt. Die Menschen begehren heute gegen ungerechte Ordnungen auf, Staaten implodieren, externe Akteure mischen sich ein.

Im Nahen Osten verteilen sich diese Konflikte auf einen weiten Krisenbogen, der, nimmt man Iran dazu, dreieinhalbmal so groß ist wie die Europäische Union. Alle diese Konflikte finden sich jedoch auch in Afghanistan wieder, das im Osten diesen nahöstlichen Bogen abschließt und doppelt so groß ist wie Deutschland.

Afghanistans Geschichte ist eine Abfolge von Kriegen und Gewalt. Immer wieder wollten ausländische Mächte sich das Land einverleiben. Noch nie gelang es jedoch einer Macht, sich gegen den Freiheitswillen der Afghanen dauerhaft festzusetzen. Die Geschichte wäre wohl anders verlaufen, würden die in Afghanistan lebenden Völker eine Nation bilden, und sie wäre wohl auch anders verlaufen, hätten sich diese Völker auf einen Staat geeinigt, den sie nicht nur nach außen verteidigen wollten, sondern auch nach innen mit funktionsfähigen Institutionen füllten.

Wenige andere Länder erweisen sich als so schwer regierbar wie das Land am Hindukusch. Und es sind auch wenige Länder so vielfältig und so heterogen wie Afghanistan. Das gilt für die Natur ebenso wie für die Menschen, die nie dauerhaft zu dem gemeinsamen Projekt zusammenfanden, eine Nation zu bilden. Einig waren sich die Afghanen immer nur im Kampf gegen die Eindringlinge. Gescheitert sind hingegen alle Versuche, das Land nach fremden Vorbildern zu modernisieren.

Eine Nation, in der sich alle wiederfinden, können nur die Afghanen selbst schaffen. Jedoch hatte die Hoffnung bestanden, den Afghanen nach dem Sturz der Taliban und nach der Ausschaltung von al-Qaida zu helfen, ab dem Jahr 2001 einen funktionsfähigen Staat aufzubauen. Das ist gescheitert, denn die Regierungen in Kabul waren hochgradig korrupt und unfähig, und man unterschätzte, welche Schlagkraft die Taliban als Aufstandsbewegung gewonnen hatten.

Dieses Buch schildert die Gründe, weshalb wir uns seit Jahrzehnten mit diesem Land beschäftigen und weshalb es so schwierig ist, Afghanistan zu regieren. Die ersten drei Kapitel legen die gesellschaftlichen und geschichtlichen Grundlagen bis zum Abzug der Sowjetarmee und zum darauf folgenden Bürgerkrieg; die letzten drei Kapitel schildern die Ereignisse seit der Ausrufung des ersten Islamischen Emirats der Taliban 1996. Daran schließt sich ein Ausblick mit Szenarien und Optionen für den Westen an. Das Buch soll dazu beitragen, Afghanistan und die Vorgänge in dem Land, das wenige kennen, das uns aber beschäftigt, zu verstehen.

1. EIN LAND, VON NIEMANDEM AUF DAUER EROBERT

Geographie – keine Topographie für Besatzer

Afghanistans Geographie ist wie für einen prächtigen Bildband geschaffen. Atemberaubend ist die Hochgebirgswelt mit dem Hindukusch und dem Pamir, den Marco Polo das »Dach der Welt« genannt hat. Dramatisch sind das Pandschschir-Tal und der enge Wachan-Korridor mit ihren reißenden Flüssen und dem üppigen Grün. In den weiten Steppen waren einst berittene Kriegerhorden wie aus dem Nichts aufgetaucht. Karawanen durchzogen die endlosen Wüsten, von Osten nach Westen und von Westen nach Osten.

Bei aller Pracht könnte auf Afghanistan eine Legende zutreffen, die auch andere Völker von ihren Ländern erzählen: Gott habe am letzten Tag, an dem er die Erde erschuf, alles, was noch übrig war, auf einen Ort geworfen – in diesem Fall dorthin, wo Afghanistan entstehen sollte. Denn das Leben in Afghanistan ist hart, und es ist immer hart gewesen. Die Natur fasziniert, sie ist aber auch abweisend. Die Gebirge und Hochgebirge sind zerklüftet, und die Wüsten und Steppen bieten keinen natürlichen Lebensraum. Über 90 Prozent der Fläche des Landes liegen mehr als 600 Meter hoch über dem Meeresspiegel, nur ein Zehntel ist landwirtschaftlich nutzbar.

Und so waren die Bewohner Afghanistans für ihren Lebensunterhalt meist auf Kontakte nach außen angewiesen. Sie lebten vom Fernhandel und von der Hilfe von außen.[1] Immer wieder zwang das karge Leben die Menschen zu Massenauswanderungen. Das war in anderen Ländern genauso, auch in Europa.

Afghanistan, doppelt so groß wie Deutschland, liegt fernab unserer Welt in Zentralasien, ohne Zugang zum Meer. Es war in der Geschichte immer von großen Mächten umgeben, in der Gegenwart sind es Pakistan und Iran, China und die postsowjetischen Staaten Zentralasiens. Wer von außen auf dieses Land blickte, sah in ihm mal einen Puffer, mal seinen Hinterhof. Für die Eigenständigkeit des Landes und seiner Menschen war das nie gut.

Das Hochgebirge des Hindukusch durchzieht Afghanistan von Ost nach West. Der höchste Punkt liegt mit 7492 Metern über dem Meeresspiegel im Osten und unmittelbar an der Grenze zu Pakistan im Pamir. Nach Westen hin senkt sich die Gebirgswelt von Bergkette zu Bergkette langsam ab. Herat an der Grenze zu Iran liegt jedoch noch immer auf einer Höhe von 925 Metern.

So vielfältig die Geographie ist, so vielfältig sind die Menschen. Afghanistan ist ein Vielvölkerstaat. Südlich des Hindukusch, der das Land in zwei ungleiche Teile trennt, leben traditionell die Paschtunen. Im Norden sind es Persisch sprechende Ethnien, die generell Tadschiken genannt werden, und Turkvölker, etwa Usbeken und Turkmenen. In der im Landesinneren schwer zugänglichen Bergwelt haben sich kleinere Minderheiten behauptet, so die von mongolischen Eroberern abstammenden Hazara und die Persisch sprechenden Nomaden der Aimaken. Im gebirgigen Grenzgebiet zwischen Afghanistan und Pakistan leben Nachfahren griechischer Siedler, die mit oder nach Alexander dem Großen an den Hindukusch gekommen sind, im Hochgebirge des Pamir wohnen Kirgisen.[2]

Wegen der schwierigen Geographie, die Räume eher voneinander trennt als sie miteinander verbindet, und wegen der ethnischen Vielfalt, die viele eigene Identitäten schafft, fanden die einzelnen Teile selten zueinander, um gemeinsam einen zusammenhängenden Staat zu bilden. Afghanistan ist jedoch auch ein Land, das drei große Kulturräume in sich vereint. So waren von Westen her urbanisierte Perser eingedrungen, die die Region mit ihren Hochkulturen maßgeblich prägten. Aus den weiten Steppen Zentralasiens stießen von Norden her zunächst türkische Nomadenstämme bis an die afghanische Gebirgswelt vor, dann entstanden mit den Khanaten von Buchara und Chiwa auch dort Hochkulturen. Im Osten begründete zu Beginn des 16. Jahrhunderts die Dynastie der Timuriden, die aus Zentralasien stammte und Kabul erobert hatte, in Indien die Dynastie der Moguln. Die Zeit der Moguln sollte eine der glanzvollsten Epochen in der Geschichte des Islams werden.

Zwischen diesen drei Kulturräumen der Perser, Turkvölker und indischen Moguln hatte Afghanistan immer als Puffer gedient, aber auch als Scharnier. Afghanistan nahm von ihnen Einflüsse auf, es beeinflusste sie aber auch. Zarathustra wurde in Balch im heutigen Afghanistan geboren und starb ebendort. Am Hindukusch breiteten sich früh große Religionen wie Zoroastrismus, Manichäismus und Buddhismus aus. Die Region Bamiyan war bis zur Islamisierung im 10. Jahrhundert ein Zentrum der buddhistischen Hochkultur. Nur einem einzigen dieser Kulturkreise ist Afghanistan allein allerdings nicht zuzuordnen: Es ist vielmehr ein buntes Mosaik, das sich aus vielen dieser Einflüsse zusammensetzt.

Das Land mag abgewandt und isoliert vom Rest der Welt liegen, jedoch bietet es der Weltpolitik seit 200 Jahren eine Bühne. Im 19. Jahrhundert wollte das British Empire Afghanistan zu einem Puffer gegenüber dem expandierenden Zarenreich machen, im 20. Jahrhundert war das Land ein Schlachtfeld des Kalten Kriegs, und im 21. Jahrhundert haben die Vereinigten Staaten und die NATO am Hindukusch einen ermüdenden Krieg gegen den Terror geführt. Es hat Geschichte, dass die für Afghanistan relevanten Entscheidungen nicht in Kabul getroffen werden, sondern in den Hauptstädten der Weltmächte.

Nie gaben wirtschaftliche Erwägungen den Ausschlag, Afghanistan zu erobern und beherrschen zu wollen, sondern immer geostrategische, geopolitische Motive. Und so legten denn auch fremde Mächte die Grenzen des Landes fest. Gezogen wurden diese im 19. Jahrhundert auf den Tischen des British Empire. Es sollte ein unüberwindbarer Puffer entstehen, um – bereits fern von Indien, dem Kronjuwel des Empire – der Expansion des russischen Zarenreiches Einhalt zu gebieten.

Im Norden ist der Grenzverlauf aufgrund natürlicher Begebenheiten gut nachzuvollziehen. Dort bildet der Strom des Amudarya, an dem der mit 285 Metern tiefste Punkt Afghanistans liegt, die Grenze zum russischen Einflussbereich. Im Westen, wo das British Empire dafür gesorgt hat, dass der Iran den Fluss Hari Rud nicht überqueren würde, ist der Grenzverlauf ebenso einleuchtend.

Ausschließlich der kolonialen Logik folgten die anderen von den Briten gezogenen Grenzen. Ohne große Folgen sollte der Federstrich im Süden und Südwesten quer durch Belutschistan bleiben. Seither leben die Belutschen, ein Volk mit 6 Millionen Angehörigen, in drei Ländern: in Iran, im heutigen Pakistan und zu einem geringeren Teil auch in Afghanistan. Die willkürlich gezogene Grenze verläuft südlich einer großen, lebensfeindlichen Wüste. Wer auch immer von Süden her in Afghanistan einmarschieren will, muss zunächst sie durchqueren.

Konsequenzen hatte in der Geschichte jedoch der Federstrich, den der britische Kolonialbeamte Mortimer Durand 1893 mitten durch das Siedlungsgebiet der Paschtunen zog. Den kleineren, nördlichen Teil schlug er Afghanistan zu, den größeren im Süden und im Osten aber Britisch-Indien und damit dem heutigen Pakistan. Das Kalkül war, einen starken paschtunischen Staat zu verhindern, der den Briten Ärger hätte bereiten können, und den strategisch wichtigen Khyber-Pass zu kontrollieren, den sie ihrem Herrschaftsgebiet einverleibt hatten.

Die Durand-Linie schlug zwei für die Paschtunen bedeutsame Städte Pakistan zu: Quetta und Peschawar, die historische Winterhauptstadt der Paschtunen. Auf der anderen Seite der Grenze liegen, sozusagen jeweils als Schwesterstädte, Kandahar und Dschalalabad. Aufgrund dieser Nähe konnten wiederholt Quetta und Peschawar zu Zentren des Widerstands in Afghanistan werden.

Zwei Jahre nachdem sie die Durand-Linie festgelegt hatten, setzten die Briten 1895 durch , dass dem Nordosten Afghanistans der schmale, 300 Kilometer lange Wachan-Korridor zugeschlagen wurde. Sie wollten damit verhindern, dass Russland auch nur irgendwo an Britisch-Indien grenzen könnte, und so schiebt sich heute der afghanische Wachan-Korridor wie ein Finger zwischen Tadschikistan und Pakistan. Es sollte noch bis 1964 dauern, bis sich Afghanistan und China auf den genauen Verlauf ihrer nur 76 Kilometer langen gemeinsamen Grenze einigen sollten, die auf 5000 Metern Höhe in den Gletschern des Karakorum verläuft.

Die Briten zogen Grenzen, es kam ihnen aber nicht in den Sinn, innerhalb dieser Grenzen *nation building* zu betreiben, damit ein Staatsvolk mit einer gemeinsamen Identität entstünde, das Verantwortung in einem künftigen modernen Staat Afghanistan übernehmen könnte. Ihr Ziel war lediglich die Schaffung eines Puffers. Es spielte keine Rolle, dass sie es nun mit einem heterogenen Vielvölkerstaat zu tun hatten. Für diesen Staat setzte sich der Name *Afghanistan* durch, das »Land der Afghanen«. Jedoch ist »Afghane« keine Selbstbezeichnung; vielmehr hatten die Perser die Paschtunen, das Volk östlich von Iran, so genannt. Sie, die Afghanen genannten Paschtunen, sind das staatstragende Volk des Landes, selbst wenn sie nur eine – wenn auch die größte – ethnische Gruppe stellen.

Offiziell wurde der Name »Afghanistan« erstmals im anglo-persischen Friedensvertrag von 1801 erwähnt. In ihm bot das British Empire dem persischen Schah Hilfen an, sollte ihm von Frankreich oder Russland Gefahr drohen. Als Bezeichnung für das Land setzte sich »Afghanistan« erst in der zweiten Hälfte des 19. Jahrhunderts durch, als Abdurrahman Khan (reg. 1880 bis 1901) staatliche Strukturen aufbaute und das British Empire die Grenzen des Landes festlegte.[3]

Afghanistan besteht nicht nur aus schwer zugänglichen Gebirgsregionen und lebensfeindlichen Wüsten. In der Geschichte waren einige große Städte, die um die Hauptstadt Kabul herum eine Raute bilden, Zentren urbaner Kultur. Im Osten ist Dschalalabad das Tor nach Pakistan und Peschawar, im Westen liegt das von der persischen Kultur geprägte Herat auf einer fruchtbaren Ebene. Am Südabhang des Hindukusch führt der Weg von Kandahar nach Quetta und Pakistan, von Mazar-e Scharif am nördlichen Abhang ist es nicht weit zur Grenze mit Tadschikistan, Usbekistan und Turkmenistan. Nur wenige Kilometer von Mazar-e Scharif entfernt liegt Balch, der Geburtsort Zarathustras. In Kandahar befindet sich ein Schrein mit dem Mantel des Propheten Mohammed, und Mazar-e Scharif beansprucht (wenn auch zu Unrecht), aus der letzten Ruhestätte für Ali ibn Abi Talib hervorgegangen zu sein, den Cousin und Schwiegersohn des Propheten.

Kandahar, Herat, Mazar-e Scharif und Dschalalabad verbindet eine gut ausgebaute Ringstraße. Sie ist die Hauptverkehrsader des Landes, dessen Infrastruktur zu den schlechtesten weltweit zählt. Von der Ringstraße gehen Stichstraßen in die ländlichen Gebiete ab. Wer immer das Land eroberte: Auf dieser Ringstraße kamen seine Truppen schnell und leicht vorwärts. Das galt zuletzt im Sommer 2021 für die Taliban.

Kabul liegt im Zentrum des Landes, wenn auch nicht in der Mitte, sondern im Osten und in der Nähe Pakistans. Umgeben ist die Hauptstadt von zwei mittelgroßen Städten. Ghazni im Süden war vor tausend Jahren eine kulturelle Metropole mit großer Ausstrahlung. Im Norden bauten die Sowjets Bagram zu einer großen Garnisonsstadt mit einem bedeutenden Militärflughafen aus. Lange war der Weg von Kabul in den Norden des Landes beschwerlich, einen Pass über den Hindukusch gab es nicht. Der einzige Weg nach Norden führte in einer ausgedehnten Schleife entlang der Ringstraße. Die Straße, die über den Hindukusch hinweg Kabul direkt mit Kunduz und Mazar-e Scharif verbindet, wurde erst im Jahr 1933 fertiggestellt. Im Winter ist sie erst seit dem Bau des drei Kilometer langen Salang-Tunnels benutzbar, den die Sowjets 1964 beendeten.

Zu den Besonderheiten Afghanistans gehört der gewaltige Gegensatz zwischen Stadt und Land. Selbst mächtige Großreiche herrschten meist nur über die wenigen großen Städte, die dank des Fernhandels relativ wohlhabend waren und durch den Wohlstand Zentren des Fortschritts wurden. Die Moderne hielt in die Städte Einzug, erst unter dem Einfluss der Türkei Atatürks, später modernisierte die Sowjetunion die Städte nach ihren Vorstellungen. Kabul galt im 20. Jahrhundert zeitweise als eine der modernsten Städte Asiens.

Nicht einmal einheimische Dynastien wie die Ghaznawiden, Ghoriden und Durrani hatten Zugriff über die wenigen gut erreichbaren großen Städte hinaus. Nie konnten die Herrscher auch in den ländlichen Gebieten ihre Macht durchsetzen, zumal diese in den schneereichen Wintern bis in die Gegenwart oft von der Außenwelt abgeschnitten sind. Die ländlichen Regionen blieben arm und unterentwickelt, die Analphabetenrate war immer extrem hoch. Die Menschen lebten und leben weiterhin in einer traditionellen Gesellschaftsordnung, die sich über die Zeit kaum gewandelt hat.

Die ländlichen Gebiete wurden und werden von den konservativen Werten der Stammesgesellschaft und von einem Islam geprägt, der sich hier über Jahrhunderte nicht verändert hat. Stämme führen in den Nischen abgeschiedener und unzugänglicher Gebirgsregionen seit Jahrhunderten ein Eigenleben. Das ist ein ideales Gelände für Guerillakriege: dünn besiedelte ländliche Regionen und die Gebirge, in denen keine konventionellen Bodentruppen vorwärtskommen. Die Taliban sind in der ländlichen Gesellschaft mit deren konservativen Werten verankert. Sie nutzen diese Faktoren und die schwierige Topographie zu ihrem Vorteil.

Die Städte sahen neue Herren kommen und gehen. Nie wurden jedoch die ländlichen Gebiete auf Dauer erobert. Die Menschen sind trotz der feudalen Stammesstrukturen entschlossen, sich keinem Eroberer zu beugen, und so haben sie in den Bergen und Tälern im Laufe vieler Jahrhunderte eine kriegerische Tradition entwickelt. Meist bekämpften sie sich gegenseitig; wann immer das Land aber von außen bedroht war und ist, schlossen und schließen sie sich zusammen. Die Eroberer mögen waffentechnisch überlegen sein, so wie es die Mongolen mit ihren Bogen waren und die Sowjets mit ihren Kampfhubschraubern – letztlich konnten sich die Afghanen stets behaupten. Zu ihrem Glauben kamen als wichtige Verbündete das unpassierbare Terrain, ihre Unsichtbarkeit in den Bergen, ihr Freiheitswille und ihre unbegrenzte Geduld hinzu.[4]

Gesellschaft – kein einigendes Band

Die Geographie bestimmt in wenigen Ländern die Geschichte und das Leben der Menschen so stark wie in Afghanistan: Seine geostrategische Lage weckte stets die Begehrlichkeiten fremder Mächte, und die karge und harte Gebirgswelt brachte Krieger hervor, wie sie die Welt nur an wenigen anderen Orten kennt. Die klimatischen Extreme der Steppe stählen im Norden die (oft nomadischen) Turkvölker, und die schroffe Gebirgswelt prägt im Süden die Paschtunen.[5]

So vielfältig Geographie und Topographie sind, so vielfältig sind die Menschen. Wenn es galt, fremde Eroberer zu vertreiben, waren sie immer eins, danach aber fiel ihre Einheit auseinander. Zu groß sind die ethnischen und konfessionellen Gegensätze. Einig sind sie sich darin, Afghanistan als Ganzes zu bewahren; einen Zentralstaat jedoch, den sie mit anderen Gruppen zu teilen oder gar sich diesen unterzuordnen hätten, wollten zumindest die großen Akteure nicht.

Vor allem die Paschtunen, die konstituierende Ethnie Afghanistans, entzogen sich meist einer zentralen staatlichen Autorität und begehrten immer wieder gegen die jeweilige Staatsmacht auf. Staaten – sofern diese Bezeichnung überhaupt gerechtfertigt ist – konnten daher nur in wenigen Phasen ein Instrument der Modernisierung werden, selten besaßen sie ein Gewaltmonopol über das ganze Land.[6]

Der Staat sei für viele Afghanen eine »fremde, wenn nicht gar feindliche Größe« geblieben, schreibt der Afghanistan-Kenner Conrad Schetter. Die Identifizierung mit ihm sei ausgeblieben, zu keinem Zeitpunkt der Geschichte sei er der Aufgabe nachgekommen, Sicherheit und Ordnung herzustellen. Polizisten galten als Wegelagerer in Uniform. Daher gewannen die Taliban Sympathien, als sie, wenn auch mit brutalen Mitteln, für Sicherheit im Alltag sorgten.[7]

Auch in weiteren Punkten deckt sich ihr Vorgehen mit den Wünschen der Afghanen, insbesondere in den ländlichen Gebieten, denn traditionelle Afghanen knüpfen ihre Akzeptanz einer Herrschaft an zwei Bedingungen: Sie muss islamisch legitimiert sein, und sie muss in der Lage sein, Konflikte innerhalb eines Stammes oder zwischen Stämmen erfolgreich zu schlichten. So sprechen bereits drei Argumente für die Taliban: Sie setzen Sicherheit durch, sie legitimieren sich islamisch, und sie betreiben funktionierende Scharia-Gerichte.

Ethnisch, sprachlich und religiös ist Afghanistan heterogen wie sonst vielleicht nur noch der Kaukasus. Da sind zum einen die Paschtunen, die gegen jede Zentralmacht aufbegehrten und ebenso untereinander Krieg um die Vorherrschaft führten, und zum anderen die Nichtpaschtunen, die sich der Vorherrschaft durch die Paschtunen widersetzten. Es waren Ende des 20. Jahrhunderts die nichtpaschtunischen Minderheiten, die sich zur »Nordallianz« zusammenschlossen, um die paschtunischen Taliban zu stürzen.

Die vier größten Ethnien (Paschtunen, Tadschiken, Hazara und Usbeken) stellen 87 Prozent der Bevölkerung,[8] der Rest setzt sich aus einem bunten Flickenteppich zusammen. Dazu gehört etwa die nomadische Stammeskonföderation der Persisch sprechenden, sunnitischen Aimaken in Zentralafghanistan, ebenso Turkmenen und

Belutschen, ferner zahlreiche kleinere Ethnien wie die Nuristani im Nordosten des Landes. Letztere sind mutmaßlich die Nachkommen der Bewohner der griechisch-baktrischen Reiche, die im 2. und 3. Jahrhundert v. Chr. von den Nachfolgern Alexanders des Großen regiert worden waren. Lange hieß ihre Region *Kafiristan*, das »Land der Ungläubigen«. Erst mit der zwangsweise erfolgten Islamisierung im Jahr 1896 wurde sie in *Nuristan*, das »Land des Lichts«, umbenannt.[9]

Die Paschtunen, die Begründer und Namensgeber Afghanistans, stellen mit 42 Prozent die größte Ethnie. Ihr historisches Siedlungsgebiet liegt zwar südlich des Hindukusch; wiederholt siedelten Herrscher jedoch paschtunische Stämme auch nördlich des Gebirges an, um so diese Regionen besser kontrollieren zu können.

Mit 27 Prozent sind die Tadschiken die zweitgrößte Gruppe, allerdings handelt es sich nicht um eine ethnische Gruppe im engeren Sinn. Vielmehr ist die Bezeichnung »Tadschike« der Sammelbegriff für die Persisch (also Dari) sprechende und überwiegend sunnitische Bevölkerung Afghanistans. Ihre historischen Siedlungsgebiete sind die Grenzregionen zu Zentralasien um Mazar-e Scharif und zu Iran um Herat. Eine Untergruppe der Tadschiken bilden die Qizilbasch. Sie gingen aus der Kaste der türkischstämmigen Krieger hervor, die der persische Afscharide Nadir Schah auf seinen Feldzügen in der ersten Hälfte des 18. Jahrhunderts in Kandahar und Herat angesiedelt hatte. Als zwölferschiitische Muslime aus Iran waren sie den sunnitischen Paschtunen verhasst. Dazu trug bei, dass sie in der gebildeten Beamtenklasse des Landes lange überproportional vertreten waren.

Die Hazara stellen 9 Prozent der Bevölkerung. Sie sprechen Persisch wie die Tadschiken, sind aber zwölferschiitische Muslime wie die Qizilbasch. Anders als diese sind sie jedoch nicht Nachkommen türkischstämmiger Krieger, sondern Nachfahren der mongolischen Eroberer. Im Straßenbild fallen sie mit ihrem turko-mongolischen Aussehen meist auf. In der Geschichte Afghanistans wurde keine andere Gruppe so verfolgt und diskriminiert wie die Hazara.

Die Usbeken, auf die ebenfalls ein Anteil von 9 Prozent an der Bevölkerung entfällt, sind wiederum Sunniten. Sie sprechen Usbekisch, die am weitesten verbreitete Turksprache Zentralasiens. Viele Usbeken, Tadschiken und Turkmenen wanderten erst in der ersten Hälfte des 20. Jahrhunderts auf der Flucht vor der gewaltsamen Sowjetisierung Zentralasiens in Afghanistan ein.

Ebenso vielfältig sind die in Afghanistan gesprochenen Sprachen. Nachgewiesen sind mindestens dreißig, hinzu kommen mehr als 200 Dialekte. Die beiden Amtssprachen Dari und Paschto sind Teil der indogermanischen Sprachfamilie. Doch dann wird es bunt: Die Turksprachen Usbekisch und Turkmenisch sowie Belutschisch gehören zur altaischen, das im nördlichen afghanisch-pakistanischen Grenzland gesprochene Brahui zur seltenen drawidischen Sprachfamilie. Paschai, das noch von etwa 100 000 Menschen in Tälern nördlich des Kabul-Flusses gesprochen wird, zählt zur Untergruppe der dardischen Sprachen und ist mit dem in Kaschmir gesprochenen Kaschmiri verwandt. Paschai unterteilt sich wiederum in mehrere Dialekte, die untereinander nicht verständlich sind.

Im Hindukusch wechselt die Sprache oftmals von Tal zu Tal, daher können sich die Afghanen ohne *lingua franca* nicht verständigen. Eine ist Dari, die afghanische Variante des Persischen. Sie setzte sich vor Jahrhunderten als die wichtigste Verwaltungs- und Kultursprache der Region durch und ist auch die in Kabul gesprochene Sprache. Die andere Sprache, die den Afghanen zur Verständigung untereinander dient, ist Paschto. Sie ist die wichtigste noch in der Gegenwart gesprochene Sprache, die aus den altiranischen Sprachen hervorgegangen ist. Paschto ist die Sprache der Paschtunen und die Muttersprache von fast der Hälfte der Bevölkerung Afghanistans.

Zwar ist der Islam das Band, das nahezu alle Afghanen miteinander verbindet. Er bestimmte auch vor den Taliban das Leben und prägte den Alltag. Der afghanische Islam ist jedoch vielfältig. Bis in die jüngste Gegenwart duldeten die Afghanen diese Vielfalt mit einer selbstverständlichen Toleranz. Erst der Bürgerkrieg nach der Vertreibung der Sowjetarmee zerstörte diese gelebte Offenheit. Ohne Beispiel in der Geschichte Afghanistans sind die Massaker, die Muslime zwischen 1995 und 1998 an anderen Muslimen verübten, nur weil diese eine andere Form des Islams praktizierten.

Etwa 80 Prozent der afghanischen Muslime sind Sunniten. Die Hazara bekennen sich zur Zwölferschia, wie sie in Iran praktiziert wird; sie ist die größte schiitische Strömung. Die Ismailiten werden der Siebenerschia zugerechnet, die sich im 8. Jahrhundert von der Linie der Zwölferschia abgespalten hat; in Afghanistan sind sie Tadschiken. Eine wichtige Rolle spielen vorislamische religiöse Praktiken wie der Animismus, wie zoroastrisches Brauchtum, wie das persische Neujahrsfest Nouruz am 21. März sowie – und das vor allem – das vorislamische Stammesrecht, das bei den Paschtunen im Rechts- und Ehrenkodex *Paschtunwali* zusammengefasst ist.

Drei Formen des afghanischen Islams lassen sich unterscheiden: der traditionelle, der politische und der extremistische Islam der Taliban.[10] Der traditionelle Islam zeichnet sich dadurch aus, dass er der hanafitischen Rechtsschule folgt, der liberalsten der vier Rechtsschulen im sunnitischen Islam. Diese hanafitische Rechtsschule ermöglicht eine dezentrale Organisation des religiösen Lebens, was einem zentralen Staat erschwert, Einfluss zu nehmen. Der mystische Islam spielt in diesem traditionellen Islam eine große Rolle, und er verhindert extremistisches Gedankengut. Es war daher kein Zufall, dass die Scheiche der beiden größten Orden – der Naqschbandiya und der Qadiriya – bei den Mudschahedin die gemäßigten Führer stellten.

Der politische Islam hielt Einzug, als in den 1950er-Jahren afghanische Religionsgelehrte von ihrem Studium in Ägypten das Gedankengut der Muslimbruderschaft mitbrachten und als wenige Jahre später Saudi-Arabien den im Königreich ausgebildeten Abd al-Rasul Sayyaf nach Afghanistan schickte, um den saudischen, wahhabitischen Islam zu verbreiten. Sayyaf lehrte an der Universität Kabul islamisches Recht und wurde politisch aktiv. Aktivisten wie er bildeten bald eine neue Klasse von Akademikern und gut gebildeten Religionsgelehrten, die sich zum Ziel setzten, die Politik und Gesellschaft Afghanistans aus dem Islam heraus zu verändern. Sie organisierten sich in geheimen Zellen und bauten auch Milizen auf. Aus ihrem Kreis rekrutierten sich ab den 1970er-Jahren einige Führer der Mudschahedin im Kampf gegen die Sowjetunion.

Die Taliban grenzen sich sowohl von den traditionellen Muslimen als auch vom politischen Islam ab. Sie interpretieren die religiösen Quellen so restriktiv wie keine andere Richtung und verbannen, anders als der politische Islam, die Frau aus dem öffentlichen Leben. Beeinflusst werden sie von der Reformbewegung des Deobandismus auf dem indischen Subkontinent und von dem konservativen paschtunischen Werte- und Rechtskodex *Paschtunwali*, der den Frauen weit weniger Rechte zugesteht als selbst die rigideste Auslegung der Scharia; der Kodex fordert von jedem Paschtunen, sein Volk und seinen Stamm gegenüber einer feindlichen Welt kühn und tapfer zu verteidigen.[11] Die Ideologie der Taliban lässt sich als eine Verschmelzung der paschtunischen Sittenordnung mit dem Islam beschreiben, die das Ziel verfolgt, das Afghanentum neu zu beleben.

Eine zentrale Institution zur Organisation der paschtunischen Gesellschaft ist die *Loya Dschirga*, die »Große Versammlung«, die ihren Ursprung nicht in Afghanistan, sondern in den mongolischen Großreichen hat. Stammesführer berufen sie in unregelmäßigen Abständen ein, um ihre Macht zu legitimieren. In *Loya Dschirgas* werden auch interne Konflikte und Spannungen mit anderen Stämmen beigelegt. Eine solche Versammlung kann Tage dauern, Entscheidungen werden im Konsens getroffen.

In der Moderne institutionalisierte König Amanullah (reg. 1919 bis 1929) die *Loya Dschirga* und machte sie, indem er alle Ethnien und Stämme einband, zu einem Fundament des heutigen afghanischen Staats. Amanullah berief die Versammlung etwa ein, um sein Modernisierungsprojekt zu legitimieren, das später jedoch scheitern sollte. Auch die kommunistische Herrschaft machte von dem Instrument Gebrauch, wodurch die *Loya Dschirga* allerdings ihre Bedeutung als ein Dialogforum einbüßte. Nach dem Sturz der Taliban wählte schließlich am 11. Juni 2002 eine *Loya Dschirga* mit 1500 Delegierten, die in den Landesteilen bestimmt worden waren, Hamid Karzai zum Präsidenten des Landes. Sie tagte länger als eine Woche in Kabul in einem großen Zelt.

Die Paschtunen sind die konstituierende Ethnie Afghanistans. Ihre beiden großen Stammeskonföderationen der Durrani (Abdali) und Ghilzai rivalisierten miteinander, und ihre Konflikte haben die Geschichte des Landes stark geprägt. Die Durrani siedeln im westlichen Teil Afghanistans zwischen Kandahar und Herat, die Ghilzai im Osten zwischen Kandahar und Kabul. Wiederholt kämpften beide um Kandahar. Sie führen ihre Abstammung auf Qais zurück, einen Gefährten des Propheten Mohammed. Damit wären sie ein semitisches Volk; Anthropologen klassifizieren sie jedoch als Indoeuropäer. Die Durrani beanspruchen den ältesten Sohn von Qais als Ahnherrn, die Ghilzai den zweitgeborenen. Mit dem dritten Sohn beginnt die Ahnenreihe kleinerer paschtunischer Konföderationen.[12]

Seit Jahrhunderten konkurrieren die Durrani und die Ghilzai, seit dem 17. Jahrhundert liegt die Macht – mit sehr kurzen Unterbrechungen – entweder bei den einen oder den anderen. Der Ghilzai Mir Wais hatte die persischen Safawiden aus Afghanistan vertrieben und regierte bis 1715; er war der erste bedeutende Herrscher der Paschtunen überhaupt. Nach dem Untergang seiner Dynastie herrschten – bis auf das kurze Interregnum des Tadschiken

Habibullah II. im Jahr 1929 – von 1747 bis 1978 konkurrierende Linien der Durrani. Von 1842 an gelangten sogar nur noch Vertreter ihres Stamms der Mohammadzai auf den Thron.

Die Rivalität setzte sich nach dem Sturz der Taliban 2001 fort. So gehört der erste Präsident Hamid Karzai dem Stamm der Durrani an, sein Nachfolger Aschraf Ghani aber den Ghilzai. Gestürzt wurde Ghani 2021 von den Taliban, die im Wesentlichen eine paschtunische Bewegung der Ghilzai sind. Anders als die urbane Elite der Paschtunen sind sie in den ländlichen Gebieten verwurzelt, wo sie sich auf die nur wenig gebildeten Dorfmullahs stützen. Sie bleiben auch, ebenso im Gegensatz zu den paschtunischen Herrschern vor ihnen, den egalitären Traditionen der Paschtunen treu.

Das unterscheidet sie insbesondere von den Herrschern der Durrani, die in den Jahrhunderten an der Macht die egalitären Stammesstrukturen durch eine Hierarchie der Macht ersetzten. Diese Hierarchien entstanden auch bei den religiösen Autoritäten. Ferner übernahmen die meisten paschtunischen Herrscher in den Städten die persische Kultur und selbst die persische Sprache, die sie nun Dari nannten. »Daher gab es für einen lediglich Paschto sprechenden ländlichen Paschtunen nur wenig Grund, sich mit dem königlichen Staat zu identifizieren.«[13]

Aus diesem Milieu der Ghilzai heraus entstanden Anfang der 1990er-Jahre die Taliban. Als ein entscheidender Vorteil sollte sich erweisen, dass sie ihre Bewegung dank ihres Netzwerks unter den Dorfmullahs in die entlegensten Ortschaften tragen konnten, die eine Zentralmacht nie erreicht hatte.[14] Ein für die moderne Geschichte Afghanistans wichtiger Ghilzai ist Golbuddin Hekmatyar, der wichtigste Paschtune im Kampf der Mudschahedin gegen die Sowjetarmee. Weder schloss er sich später den Taliban an, noch gehört er ihrer Regierung an, er unterstützt sie jedoch.

Der Gegensatz zwischen dem ländlichen Afghanistan und den urbanen Zentren war immer groß, im vergangenen Jahrhundert und vor allem in den letzten Jahrzehnten spitzte er sich jedoch zu. Auf dem Land veränderte sich nichts, in den Städten aber setzte ein gesellschaftlicher Wandel ein. Schulen wurden gegründet, darunter in Kabul eine deutschsprachige Oberrealschule, die von 1924 an großen Anteil an der Ausbildung einer neuen Elite hatte.

Von den Universitäten ging ein neuer politischer Diskurs aus, die Geschlechtertrennung wurde aufgeweicht, Frauen studierten, zeitweise galt sogar ein Verbot der Verschleierung. Politische Parteien wurden gegründet, es fanden Wahlen zu einem Parlament statt. Das war aber für die Landbevölkerung nicht nachvollziehbar. Zudem blieb die städtische Elite unter sich, und Hochschulabsolventen fanden oft keine passende Arbeit.

Für die Frauen setzte eine Befreiung ein. Der Reformkönig Amanullah führte 1923 das Wahlrecht für Frauen ein, 1928 hob er die Polygamie und die Wegschließung (*purdah*) der Frau auf. Auf jede Reform folgten Rückschläge. Als Amanullah 1929 gestürzt wurde, machten seine Nachfolger die Maßnahmen wieder rückgängig. Amanullah galt nun als fehlgeleiteter Herrscher. Erst 1963 erhielten die Frauen wieder das aktive und passive Wahlrecht, zunächst auf diejenigen Frauen beschränkt, die des Lesens und Schreibens kundig waren.

Als die kommunistische Herrschaft die Modernisierung der Städte nach sowjetischem Vorbild vorantrieb, wurde die Kluft noch tiefer. Die Frauen erhielten neue Freiheiten und das Recht auf Bildung. Die Dorfbewohner betrachteten die Stadt mit ihren gesellschaftlichen Freiheiten, vor allem Kabul, als Sündenbabel, das sie als mit den paschtunischen Werten unvereinbar ablehnten. Mullah Omar, der Führer der Taliban, besuchte Kabul daher nur einmal. Die Taliban drehten vor allem bei den Frauenrechten das Rad zurück. Sie verboten den Frauen, auch den Witwen, einen Beruf auszuüben, und sie untersagten den Mädchen, eine Schule zu besuchen. Eine bittere Folge von Krieg und Herrschaft der Taliban ist die hohe Analphabetenrate. Noch 2015 betrug sie, trotz der ausländischen Hilfen für den Ausbau des Bildungswesens, 76 Prozent bei den Frauen und 48 Prozent bei den Männern.[15]

Wirtschaft – arm, aber reich an Bodenschätzen

Afghanistan zu regieren, war stets eine Herausforderung. Zur schwierigen Topographie und ethnischen Vielfalt gesellt sich ein dritter Faktor: Das Land wirft wirtschaftlich zu wenig Ertrag ab, um die gesamte Bevölkerung zu ernähren. Lediglich ein Zehntel der Fläche ist – und das nur mit großem Einsatz und Aufwand – landwirtschaftlich nutzbar. Eine lukrative Einnahmequelle waren lange Zeit die Beutezüge im Indus-Tal, heute ist es der Anbau von Schlafmohn. Zudem sind mittlerweile selbst die geringen landwirtschaftlich nutzbaren Flächen durch immer häufigere Dürren gefährdet. Wer auch immer herrschte, musste erkennen, wie schwierig es war, von den Stämmen Steuern einzutreiben. Vielmehr hatten die Herrscher die Stämme zu bezahlen, um sich deren Loyalität zu sichern. Afghanistan war für Eroberer nie eine Schatzgrube, sondern im Gegenteil immer teuer.[16]

Bis in die Neuzeit war die nomadische Lebensweise weit verbreitet, noch in den 1970er-Jahren legten nomadische Viehzüchter auf der Suche nach Weidegründen oft lange und beschwerliche Wege zurück. Erst als die Sowjetarmee mit ihrer Strategie der verbrannten Erde die Lebensgrundlagen in den ländlichen Gebieten vernichtete, suchten sich viele Nomaden Arbeit als Lastwagenfahrer und Händler.[17] Noch immer prägen jedoch, wenn auch in geringerem Maße als früher, nomadische Lebensweisen das gebirgige Hochland und die Steppen.

Zu Wohlstand brachten es die Städte entlang der großen Fernhandelswege. Afghanistan war jahrhundertelang als Transitland im Fernhandel ein bedeutendes Drehkreuz. Waren zwischen West-, Süd- und Zentralasien wurden hier umgeschlagen. Obwohl Kandahar und Herat nicht unmittelbar an der historischen Seidenstraße lagen, waren sie wichtige Karawanenstationen. Ab dem 16. Jahrhundert büßte die Seidenstraße aber wegen der Entdeckung der Seehandelswege ihre Bedeutung ein.

Die wirtschaftliche Grundlage für das Land ist extrem schmal, das dramatische Wachstum der Bevölkerung schmälert sie noch viel weiter. Im 20. Jahrhundert wuchs die Einwohnerzahl kontinuierlich, zunächst jedoch langsam. 1919, im Jahr der Unabhängigkeit, lebten in Afghanistan 6 Millionen Menschen, vierzig Jahre danach erst 9 Millionen. Von da an verdoppelte sich die Bevölkerung in immer schnellerem Rhythmus: 2000 waren es bereits 21 Millionen, 2021 sogar 40 Millionen.

Afghanistan zählt zu den zehn ärmsten Ländern überhaupt, in Asien gilt es als das ärmste. Ein noch geringeres Einkommen pro Kopf weisen lediglich einige Länder in Afrika südlich der Sahara auf. Im Index der Vereinten Nationen zur menschlichen Entwicklung belegt Afghanistan einen der letzten Plätze. Ein wesentlicher Grund dafür sind – neben den ohnehin schwierigen Lebensbedingungen – die langen Perioden mit Kriegen und Bürgerkriegen, die die Anbauflächen und Viehbestände stark dezimiert haben.

Der wichtigste Sektor der Wirtschaft ist die Landwirtschaft, die zwei Drittel zum Bruttoinlandsprodukt beiträgt und zwei Drittel der Erwerbstätigen beschäftigt. Anstatt aber Getreide anzubauen, das die Bevölkerung ernähren könnte, weichen die Landwirte auf den Anbau von Schlafmohn aus, weil sie damit zehnmal mehr verdienen. Schlafmohn, der Rohstoff für Opium und Heroin, sichert ihr Überleben, und er wurde zur wichtigsten Finanzquelle der Taliban. Jeder zehnte Afghane soll direkt in das Drogengeschäft involviert sein.

Afghanistan ist in den vergangenen Jahrzehnten, die von Gewalt und Krieg geprägt waren, zum größten Opiumproduzenten der Welt aufgestiegen. Lediglich im Jahr 2000 war kein Schlafmohn angebaut worden: Damals verboten die Taliban den Anbau als unislamisch und hofften – wenn auch vergeblich – darauf, im Gegenzug international anerkannt zu werden. Danach florierte der Anbau der Droge wieder. Heute wird die Anbaufläche für Schlafmohn auf mehr als 220 000 Hektar geschätzt, was fast der

Größe des Saarlands entspricht. In Afghanistan werden 95 Prozent des in Europa nachgefragten Heroins produziert. Das entspricht einem Wert von 4 Milliarden Dollar pro Jahr, den sich die Landwirte, die lokalen Behörden, die Warlords und die Taliban teilen. Das Land ist zudem der weltgrößte Produzent von Haschisch.

Vom Jahr 2002 an drängte die Staatengemeinschaft die afghanische Regierung, den Anbau von Schlafmohn zu unterbinden. Das war gut gemeint, wurde jedoch zum Bumerang. Maßnahmen wie die Zerstörung der Mohnfelder trieben die Landwirte in die Arme von Warlords und der Taliban, was wiederum die beständigen Versuche der Staatengemeinschaft unterlief, Afghanistan zu stabilisieren. Es entstand eine Gewaltökonomie, die das für den Wiederaufbau Afghanistans bereitgestellte Volumen um ein Vielfaches überstieg.[18]

Wohlstand könnten die enormen Bodenschätze bringen, die unberührt unter der Erdoberfläche liegen.[19] Internationale Schätzungen taxieren ihren Wert auf 1000 bis 3000 Milliarden Dollar (zum Vergleich: 2019 lag das Bruttoinlandsprodukt bei 19 Milliarden Dollar). Das Land besitzt bedeutende Vorkommen an traditionellen Bodenschätzen wie Eisen- und Kupfererzen, wie Erdöl und Erdgas, aber auch an Gold, Marmor und Edelsteinen wie Lapislazuli. Begehrlichkeiten wecken die Vorkommen von Lithium, Kobalt und den seltenen Erden, die künftig für grüne Technologien gebraucht werden. Afghanistan sei das »Saudi-Arabien des Lithiums«, schreibt das US-amerikanische Verteidigungsministerium.[20]

In den vergangenen Jahren waren die Taliban die Einzigen, die – wenn auch illegal – Bergbau betrieben. Eine wichtige Einnahmequelle für sie war der Verkauf von abgebautem Marmor und Lapislazuli. Zwar hatte die afghanische Regierung 2008 eine Konzession zum Kupferabbau an ein chinesisches Unternehmen vergeben, das 3 Milliarden Dollar investieren wollte; wegen der schlechten Sicherheitslage und der fehlenden Transportinfrastruktur wurde daraus jedoch nichts.

China, einer der sechs Nachbarstaaten, dürfte der wichtigste Interessent für den Abbau der Bodenschätze sein. Mit der Volksrepublik teilt Afghanistan die kürzeste Grenze und das im äußersten Nordosten im unzugänglichen Pamir-Gebirge. Im Norden grenzt es zudem an die drei postsowjetischen Republiken Tadschikistan, Usbekistan und Turkmenistan. Die zwei längsten Grenzen hat Afghanistan, das nun wieder ein Islamisches Emirat ist, mit zwei Islamischen Republiken: Pakistan und Iran. Das eine Land ist bereits Atommacht, das andere will es werden. Mit beiden arbeitet China gut zusammen, sein Wunschpartner für die Stabilisierung Afghanistans dürfte jedoch Pakistan sein.

Afghanistan ist mit seinen Nachbarn Pakistan und Iran eng verbunden; bei Kriegen flüchteten Afghanen in beide Länder. Wer Dari spricht, wählte eher Iran, wer Paschto spricht, eher Pakistan. Zu Iran bestanden jedoch, seit die Zugehörigkeit Herats zu Afghanistan geklärt ist, meist weniger Spannungen, denn die iranische Regierung ist lediglich an einer sicheren Grenze interessiert. Die Beziehungen zu Pakistan allerdings waren von stets wiederkehrenden Spannungen überschattet, insbesondere wenn afghanische Politiker die »Paschtunistan-Frage« aufwarfen und damit die Vereinigung aller Paschtunen unter afghanischer Flagge forderten. Unabhängig davon hat noch keine afghanische Regierung die 1893 von den Briten gezogene Grenze zwischen den beiden Ländern anerkannt, die quer durch das Siedlungsgebiet der Paschtunen verläuft.

Mit der Durand-Linie zogen die Briten eine Grenze quer durch Paschtunistan. Seither liegen zwar Kandahar und Dschalalabad in Afghanistan, ihre nahegelegenen »Schwesterstädte« Quetta und Peschawar aber in Pakistan. Was die Paschtunen lange beklagt hatten, wurde nach dem sowjetischen Einmarsch unverhofft zu ihrem Vorteil. Die Vertreibung der Sowjetarmee wäre nämlich ohne das sichere paschtunische Hinterland in Pakistan mit Quetta und Peschawar nicht möglich gewesen, ebenso wenig die Rückkehr der Taliban an die Macht in Kabul im Jahr 2021. Die Durand-Linie hatte zwar den Kampf gegen die sowjetischen Besatzer erleichtert, verhinderte jedoch auch die Stabilisierung Afghanistans nach dem Sturz der Taliban 2001.

Der für Afghanistan entscheidende externe Akteur ist Pakistan, das sich 1947 vom unabhängig gewordenen Indien abgespalten hatte. Das junge islamische Land sah sich von Beginn an in der Defensive: Im Osten ist das hinduistische, feindliche Indien flächenmäßig um ein Vielfaches größer. Im Westen leben die Paschtunen und Belutschen nicht allein in Pakistan, sondern auch in Afghanistan, die Belutschen sogar noch in Iran. Mit Indien (wie Pakistan eine Atommacht) drohte wiederholt Krieg, und bei den auf Selbstbestimmung pochenden Paschtunen, die sich noch nie in ihrer Geschichte einer Zentralgewalt unterwerfen wollten, bestand die Gefahr irredentistischer Bewegungen.[21]

Außer Saudi-Arabien hatte Pakistan nie einen starken Verbündeten, ist also verwundbar. Um eine strategische Tiefe zu erreichen, die in der Auseinandersetzung mit Indien wichtig ist, muss das Land dafür sorgen, dass in Kabul eine ihm freundlich gesinnte Regierung an der Macht ist. Pakistan ergriff daher die Chance, als sich in Afghanistan Widerstand gegen den sowjetischen Einmarsch formierte. Die Führung in Islamabad unterstützte die Mudschahedin logistisch mit Waffen und Geldern und verschaffte sich so im Nachbarland einen Einfluss, über den sie zuvor nicht verfügt hatte.

Als sich seit 2001 die afghanischen Regierungen der Präsidenten Hamid Karzai und Aschraf Ghani Indien annäherten, griff die pakistanische Führung wieder ein und unterstützte die Taliban. Die Mudschahedin wie später die Taliban organisierten sich auf pakistanischem Boden. Beide verfolgten und verfolgen eigene Ziele, würden aber nicht gegen die Interessen Pakistans handeln.

Neben der zerklüfteten Bergwelt und der fragmentierten Gesellschaft hat ein dritter Faktor Afghanistan entscheidend geprägt: die Geschichte. In der hinterließ vor fast 2500 Jahren Alexander der Große seine Spuren.

2. DER LANGE WEG ZUR UNABHÄNGIGKEIT

Durchzugsland: Von Alexander dem Großen bis Ahmad Schah, der »Perle unter Perlen«

Afghanistan war bereits in der Antike Schauplatz der Geschichte. In Balch, zwischen dem Hindukusch und dem Fluss Amudarya gelegen, lebte und starb Zarathustra (630 bis 553 v. Chr.). Nachdem Alexander der Große 328 v. Chr. Baktrien und dessen Hauptstadt Balch eingenommen hatte, vermählte er sich mit der baktrischen Prinzessin Roxane, deren legendäre Schönheit die Phantasie der Menschen noch lange anregte. Fünf Jahre später endete Alexanders in der Weltgeschichte einzigartiger Eroberungszug,[1] als er in Babylon im Alter von erst 33 Jahren mutmaßlich dem West-Nil-Fieber erlag.

Wie eng Afghanistan und Iran kulturell miteinander verbunden sind, zeigt sich ebenfalls in Balch, das als eine Wiege der iranischen Zivilisation gilt. Als der persische Achämenidenkönig Dareios der Große (reg. 522 bis 486 v. Chr.) Baktrien erobert hatte, war die Region bereits bewohnt von iranischen Völkern und den Reiternomaden der Saken, die auch als Skythen bekannt sind. Das Weltreich seiner Dynastie erstreckte sich von der Ägäis bis zum Himalaya, die Staatsreligion war der Zoroastrismus. Die frühen arabischen Geographen gaben Balch den Beinamen

»Mutter der Städte«. Dort wurde 1207 der große Mystiker und Dichter Dschalal al-Din Rumi geboren, einer der bedeutendsten persischsprachigen Dichter. Er starb 1273 in der anatolischen Stadt Konya, wo er den Orden der Mevlevi-Derwische gegründet hatte.

Die Achämeniden herrschten weniger als zwei Jahrhunderte über Baktrien. Erst brachte ihnen Alexander der Große 331 v. Chr. in Gaugamela (dem heutigen Erbil im Irak) eine verheerende Niederlage bei, dann eroberte er auf seinem Marsch nach Osten das heutige Afghanistan. Bei Kandahar, Herat, Kabul und Bagram gründete er jeweils Städte, in denen er Soldaten zurückließ; sie sollten auch nach seinem Weiterzug für Ordnung sorgen. Von diesen Gründungen hat sich keine gehalten. Teilweise intakt ist noch die Zitadelle, die er 330 v. Chr. in Herat bauen ließ, das damals die Hauptstadt der Provinz Aria war.

Nach Alexanders Tod wurde der riesige Osten seines gewaltigen Reichs seinem Feldherrn Seleukos übertragen. Dieser siedelte in Baktrien weitere Griechen an, die als Verwalter eingesetzt wurden. Zeitweise befand sich das ganze heutige Afghanistan unter griechischer Herrschaft; die griechische Kultur reichte bis zum Hindukusch, sogar noch weiter bis hinab zum Indus. Das gräko-baktrische Königreich war wohlhabend und hatte drei Jahrhunderte lang fern der hellenistischen Welt Bestand. Ein weiteres griechisches Reich behauptete sich in Gandhara um die heutige Stadt Peschawar. Die hellenistische Kunst befruchtete auch die buddhistische Kunst jener Zeit.

Einige archäologische Stätten legen Zeugnis der griechischen Kultur in Afghanistan ab; die bekannteste unter ihnen ist Ai Khanoum am Amudarya im äußersten Nordosten nahe Tadschikistan. Französische Archäologen legten dort von 1964 an Reste einer Stadt frei, bei der es sich mutmaßlich um das antike Eukratideia handelt, die Hauptstadt des letzten gräko-baktrischen Königs Eukratides. Griechische Siedler hatten die Stadt 290 v. Chr. als seleukidische Kolonie gegründet. Belege gibt es für Kulte des Zeus und der Artemis, ein Text des Aristoteles wurde gefunden.[2] Die Taliban schütteten die als »unislamisch« verteufelte Ausgrabungsstätte im Jahr 2000 aber mit Erdmaterial zu. Bis zu ihrer Islamisierung praktizierten die Bewohner der schwer zugänglichen Gebirgswelt im Nordosten Afghanistans eine polytheistische Religion mit Elementen der griechischen Mythologie.[3]

Die griechischen Reiche gingen unter, als im 2. Jahrhundert v. Chr. aus den zentralasiatischen Steppen die nomadischen Reitervölker der Saken und Yüe-tschi eindrangen. Sie überrannten das Land am Hindukusch geradezu und streiften ihm eine neue Kultur über. Die Kuschan, einer der fünf Stämme der Yüe-tschi, übernahmen die Herrschaft. Da sie reich an Lasttieren waren, erlebte die Seidenstraße einen Aufschwung. Der Fernhandel führte zu einem Wohlstand, wie ihn die Menschen zuvor nicht gekannt hatten. Afghanistan verband nun China mit dem Mittelmeer. Im Reich der Kuschan entstand eine bunte synkretistische Kultur mit Elementen des Zoroastrismus, der griechischen und hinduistischen Gottheiten sowie des Buddhismus. Während der Kuschan-Herrschaft wurden bei Bamiyan die 53 beziehungsweise 35 Meter hohen Buddha-Statuen aus dem Felsen geschlagen, die die Taliban am 12. März 2001 sprengen sollten.

Parallel zum Niedergang des Kuschan-Reichs stiegen

in Persien die Sassaniden zu den neuen Herrschern auf. Im 3. Jahrhundert eroberten sie im heutigen Afghanistan Baktrien und Gandhara; damit zog wieder die persische Kultur ein. Die Sassanidenherrschaft währte indes nicht lange, denn neue Nomadenvölker, die turkstämmigen Hunnen und die indoeuropäischen Weißen Hunnen, fielen in Afghanistan ein. Auch sie stellten nur eine dünne Oberschicht und wurden bald wieder vertrieben. Danach kehrten die Sassaniden noch einmal kurz zurück.

Während die meisten Eroberer bislang aus dem Norden und aus Zentralasien gekommen waren, musste man nun den Blick nach Westen und nach Süden richten. Von dort drangen arabische Armeen ein und mit ihnen der Islam. Die islamischen Truppen hatten sich auf dem Weg nach Osten die persische Kultur angeeignet, die sie ab der Mitte des 7. Jahrhunderts auch nach Afghanistan brachten, wo es zu einer glanzvollen Synthese der persischen Kunst mit dem Islam kommen sollte.

Kleinere, aber blühende islamische Reiche entstanden, wie das der Samaniden mit der Hauptstadt Balch. Ghazni, die Hauptstadt der Dynastie der Ghaznawiden, die von 977 bis 1186 regierten, stieg zu einer der bedeutendsten Städte der islamischen Welt auf. Ihre Herrscher bauten prächtige Paläste und gründeten die erste islamische Universität, sie zogen die größten Naturwissenschaftler der Zeit an ihren Hof und den bedeutendsten persischen Dichter, Firdousi (940 bis 1020). In Ghazni schrieb Firdousi das Nationalepos der persischsprachigen Welt, das *Schahname* (»Buch der Könige«).

Ausgelöscht wurde diese Hochkultur, als die mongolischen Reiterhorden von Dschingis Khan (1155 bis 1227) vom Jahr 1220 an aus dem Norden einfielen. Sie zerstörten, was ihnen fremd war – und das war fast alles. Ihrem Wüten konnten sich die Nomaden entziehen, nicht aber die Städte.[4] Und so verwüsteten die Mongolen die prächtigsten Städte jener Zeit wie Balch, Ghazni und Herat. Sie äscherten ganze Landstriche ein und löschten die Bevölkerung aus. In Herat soll das systematische Massaker sieben Tage gedauert haben.

Als sich die Mongolen nach dem Tod Dschingis Khans zurückzogen, hinterließen sie verbrannte Erde und Anarchie. Erst nach Jahrhunderten sollten sich die zerstörten Regionen erholen. Manche Städte, vor allem in der südlichen Region Helmand, wurden nie wieder aufgebaut. Im Hindukusch ließen die Mongolen einige Besatzungstruppen mit einer Mannstärke von jeweils Tausend zurück, die Vorfahren der heutigen Minderheit der Hazara. *Hazar* ist das persische Wort für *ming*, mongolisch für »tausend«.

Die Dynastie der Timuriden, die auf die Mongolen zurückgehen, brachte dem Westen des heutigen Afghanistan eine neue kulturelle und wirtschaftliche Hochzeit. Der Mongolenherrscher Timur Lenk (1336 bis 1405), der sich auf eine Abstammung von Dschingis Khan berief, verhalf zwar Samarkand dank der Künstler, die er an seinen Hof zog, zu einer kulturellen Blüte, die noch heute zu bestaunen ist. Er zerstörte 1381 jedoch abermals Herat und in den Ebenen Sistans südlich von Herat auch die ausgeklügelten Bewässerungsanlagen, die Qanate.

Sein Sohn und Nachfolger Schah Ruch (1377 bis 1447) baute Herat dann zu einer der schönsten Städte Asiens wieder auf und machte sie zu seiner Hauptstadt. Er lockte, wie es zuvor die Ghaznawiden getan hatten, die größten Künstler der Zeit an seinen Hof, etwa den persischen Dichter und Mystiker Dschami (1414 bis 1492). Seine Bauten brachten Herat den Beinamen »das Florenz Asiens« ein. »Die Herrschaft der Timuriden bildete die letzte Epoche, in der kulturelle und künstlerische Innovationen aus dem Gebiet des heutigen Afghanistan die islamische Welt befruchteten.«[5]

Im Osten Afghanistans betraten die Paschtunen nun erstmals die Bühne der Geschichte. Der Stamm der Lodhi übernahm von einer kurzlebigen islamischen Dynastie 1451 die Herrschaft in Delhi und weitete sie bis in die Ganges-Ebene aus. Bereits 1526 eroberte aber Babur (1483 im heutigen Usbekistan als Nachkomme Timurs väterlicherseits und Dschingis Khans mütterlicherseits geboren) Delhi und begründete das prächtige Mogulreich, das sich über den Norden Indiens erstreckte und bis 1858 Bestand haben sollte, als es in Britisch-Indien aufging.

Auf seinem Eroberungsfeldzug war Babur 1504 vor den Toren Kabuls gestanden. Als er es schließlich erobert hatte, zog ihn die Schönheit der Stadt so sehr in seinen Bann, dass er festlegte, hier begraben zu werden. In Kabul ließ er sich Zeit: Erst 1526 wagte er bei Panipat, nördlich von Delhi, den großen Angriff. Das afghanische Heer des Sultans von Delhi, Ibrahim Lodhi, war zwar größer als seines und vor allem mit tausend Kampfelefanten ausgestattet, Babur kombinierte jedoch geschickt die traditionelle Kriegsführung der Steppe mit der neuen osmanischen Artillerie. Er schlug seinen Gegner Ibrahim Lodhi in die Flucht, nahm Agra und Delhi ein und begründete die Dynastie der Moguln.

Babur war damit der vierte türkischstämmige Herrscher, der innerhalb eines Jahrhunderts ein Großreich geschaffen hatte – nach dem Osmanen Mehmed II., dem Safawiden Ismail I. und dem Usbeken Scheibani Khan. Das Wort »Mogul« sollte zum Inbegriff von Macht und Wohlstand werden, von religiöser Toleranz und guter Verwaltung. Zudem wurde Babur, der Autor des *Baburname*, dank seines für jene Zeit einzigartigen Schreibstils auch ein gefeierter Autor. Das Buch gilt als eine der besten Autobiographien in vormoderner Zeit.[6]

Die Ära der Steppenkrieger war vorüber; sie waren nun Kunstmäzene geworden. In Afghanistan jedoch blieben die Stämme, was sie waren – Krieger. Wie immer in Afghanistan in der Vergangenheit die Eroberer geheißen hatten, ob zuletzt Dschingis Khan oder Timur: Sie konnten zwar das Land erobern, sich aber nie auch die Stämme unterwerfen. Nun veränderte sich das Kräfteverhältnis, denn aus der Steppe waren diese Krieger keiner Gefahr mehr ausgesetzt. Sie hielten in ihren Händen aber erstmals Feuerwaffen. Von da an waren die Afghanen die besten Krieger weit und breit.[7]

Nach dem Niedergang der in Herat herrschenden Timuriden war Afghanistan zunächst ein herrschaftsloser Raum, in den drei mächtige Reiche vordrangen: im Westen die Safawiden, die 1501 den schiitischen Islam zur Staatsreligion gemacht hatten; im Osten die Moguln, die unverändert Kabul kontrollierten; im Norden die usbekischen Scheibaniden in Buchara und Chiwa. Alle waren sie lediglich an den großen Städten Afghanistans und an der Sicherung der Handelswege interessiert. In jener Zeit aber wurden neue Schifffahrtswege entdeckt, was dazu führte, dass die Karawanenrouten zwischen Asien und Europa ihre Bedeutung einbüßten. Die fremden Herrscher trieben weniger Steuern ein, sodass die Steuereintreiber den Druck erhöhten. Bis die paschtunischen Stämme aufbegehrten – und ihr Aufstieg begann.

Südlich des Hindukusch lebten zahlreiche Stämme nebeneinander. Sie grenzten sich voneinander ab, bildeten jedoch sprachlich und kulturell eine Ethnie: Sie waren Paschtunen, und zum ersten Mal entwickelte sich unter ihnen das Bewusstsein, ein Volk zu sein. Eine paschtunische Literatur entstand. Der erste, der dieses paschtunische Gemeinschaftsgefühl ausdrückte, war der Dichter und Kriegsherr Khuschhal Khan Kattak (1613 bis 1689), der gegen die Moguln kämpfte und den die Paschtunen bis heute verehren.

Zwei Stammeskonföderationen der Paschtunen sollten von nun an die Geschichte Afghanistans dominieren: die Ghilzai, die 1722 dem persischen Safawidenreich den Todesstoß versetzten, und die Abdali, deren Führer Ahmad Schah 1747 das erste eigenständige Reich der Paschtunen gründete. Seit ihm der Beiname *durr-i durran*, »Perle unter Perlen«, verliehen wurde, heißen die Abdali Durrani.

In Kandahar begehrten die Ghilzai aus zwei Gründen gegen die safawidische Herrschaft auf: Zum einen war die Steuerlast zu schwer geworden, und zum anderen wollten sie keine schiitischen Muslime werden. Daher vertrieben die Ghilzai unter Führung von Mir Wais Hotak 1709 die Safawiden aus Kandahar. Sein Sohn Mahmud Hotak eroberte und plünderte 1722 Isfahan, die Hauptstadt der Safawiden, und krönte sich zum *Schah von Persien*. Isfahan fand danach nie mehr zu seiner alten Größe zurück. Die Herrschaft der Ghilzai über Persien dauerte nur sieben

Jahre. Ihre Truppen mordeten und brandschatzten so erbarmungslos, dass das kurze afghanische Interregnum zu den blutigsten Epochen auf persischem Boden zählt.

Den Wirren in Iran setzte der türkischstämmige Militärführer Nadir Schah ein Ende. Nadir Schah (reg. 1736 bis 1747), der Begründer der Dynastie der Afschariden, wurde einer der bedeutendsten Könige Persiens. Er eroberte 1738 von den Ghilzai Kandahar. Krieger der Abdali stellten seine Leibgarde und Elitetruppen; zu ihrem Anführer stieg der 1722 geborene Ahmad Schah auf. Nach der Ermordung seines Mentors Nadir Schah 1747 kehrte er nach Kandahar zurück und rief sich zum Herrscher aus. Kandahar blieb das Zentrum seines Reiches, das er bis zu seinem natürlichen Tod 1772 (er starb an Hautkrebs) eroberte.

Unter Ahmad Schah Durrani wurden die Afghanen erstmals zu Herren ihres Landes. Sein Reich erstreckte sich vom Indus bis in den Nordosten Irans und damit weit über das heutige Afghanistan hinaus. In der islamischen Welt war damals nur das Osmanische Reich bedeutender. Das Reich des Ahmad Schah hieß jedoch nicht Afghanistan, und es war auch kein Staat im heutigen Sinn mit staatlichen Institutionen. Es war aber das erste bedeutende Reich der Paschtunen und umfasste auch nichtpaschtunische Stämme.[8]

Sein Sohn und Nachfolger Timur Schah (reg. 1773 bis 1793) führte zwar weiter ein paschtunisches Reich, richtete die Durrani aber stark auf die persische Kultur aus. Die Hauptstadt verlegte er von Kandahar nach Kabul, wo Persisch – also Dari – gesprochen wurde und nicht Paschto. Persisch wurde die Hofsprache. Statt Paschtunen berief Timur Schah Nachkommen der schiitischen, türkischstämmigen Qizilbasch, die mit dem Safawidenherrscher Nadir Schah aus Iran gekommen waren, in führende Positionen. Während der Herrschaft Nadir Schahs waren sie in Afghanistan damit beauftragt, die großen Städte militärisch unter Kontrolle zu halten. Nun stellten sie und nicht mehr die Paschtunen die Leibgarde von Timur Schah.

In der zweiten Hälfte des 18. Jahrhunderts war Afghanistan erstmals eine selbstständige politische Einheit. Dann zerfiel es aber entlang vieler Linien wieder: Zurück war der Konflikt zwischen den großen Stammeskonföderationen der Durrani und Ghilzai; innerhalb der Durrani forderten die Barakzai die Sadozai heraus, also die Linie von Ahmad Schah und Timur Schah. Zudem bekämpften sich die Söhne von Timur Schah untereinander: So stieß 1809 Mahmud seinen Bruder Schodscha vom Thron, woraufhin dieser Zuflucht in Lahore am Hof des Herrschers im Punjab, Ranjit Singh, suchte.

Die Idee einer afghanischen Nation, die unter Ahmad Schah Gestalt angenommen hatte, war wieder verschwunden. Erneut war Afghanistan bloß eine herrschaftslose Pufferzone,[9] erneut war der Blick der Stämme nach innen gerichtet. Und sie bemerkten nicht, wie sich die Welt zu verändern begonnen hatte, auch und vor allem um Afghanistan herum.

Great Game: Die anglo-afghanischen Kriege

Mächte aus allen Himmelsrichtungen stießen in diesen herrschaftslosen Raum vor: Aus dem Punjab im Osten die Sikhs unter Ranjit Singh; im Westen brachten die Perser die Region Khorasan wieder unter ihre Kontrolle und versuchten wiederholt, Herat zu annektieren. Im Norden unternahm das Zarenreich 1831 seinen ersten Vorstoß nach Zentralasien, bis Ende des 19. Jahrhunderts schoben die russischen Truppen die Südgrenze des Reichs Schritt für Schritt bis an den Amudarya vor und damit an das heutige Afghanistan. Schließlich nahm im Süden das British Empire ab 1801 erst den Großraum um Delhi in Besitz, dann das Indus-Tal, danach den Rest des heutigen Pakistan.[10]

Das British Empire hatte seine Ländereien in Nordamerika verloren. Da aber Napoleon geschlagen war, konnte sich London nach Asien orientieren, ohne Rivalen fürchten zu müssen. Mit seiner East India Company entwickelte es eine neue Weltmachtstrategie: Die Welt sollte über den Handel beherrscht werden, und der wurde, falls erforderlich, militärisch flankiert. Die East India Company herrschte in ihrer besten Zeit über ein größeres Territorium als jenes, das Napoleon in Europa erobert hatte. Da Frankreich als Rivale Russlands wegfiel, konnte auch dieses expandieren – und St. Petersburg orientierte sich wie das British Empire nach Osten. Früher oder später mussten sie also aufeinanderstoßen; zum Schauplatz dieser Auseinandersetzung wurde Afghanistan. Der britische Schriftsteller Rudyard Kipling machte für den Kampf der beiden damaligen Weltmächte in seinem 1901 erschienenen Roman *Kim* den Begriff *Great Game* bekannt.

Wie kam es dazu? In Afghanistan war nach dem Tod von Timur Schah 1793 das Durrani-Reich auseinandergefallen. Timur hinterließ 24 Söhne; zunächst regierte sein glückloser Sohn Schah Zaman von 1793 bis 1800. Als er gestürzt und geblendet wurde, war sein jüngerer Bruder Schah Schodscha 14 Jahre alt. Den Thron bestieg ihr Halbbruder Mahmud, der sich gerade einmal drei Jahre hielt, bevor 1803 der sich früh als ein fähiger Herrscher erweisende Schodscha auf den Thron gelangte. Er stellte Mahmud unter Hausarrest, verzichtete aber auf die Praxis, Rivalen in der Familie zu blenden. Das sollte sich als verhängnisvoll erweisen, denn 1808 konnte Mahmud fliehen und ging, obwohl er zur Linie der Sadozai gehörte, eine Allianz mit dem aufstrebenden starken Mann der rivalisierenden Barakzai ein, dem 1792 in Kandahar geborenen Dost Mohammad.[11]

1809 machte sich erstmals eine Delegation der East India Company auf den Weg von Delhi nach Peschawar. Dort verhandelten die Briten mehrere Wochen mit Schodscha. Dieser hatte großes Interesse daran, die Briten an seiner Seite zu wissen. Offenbar hatte das Perserreich Napoleon den Zugriff auf Afghanistan versprochen. Als sich Schodscha und die Briten gerade auf ein Abkommen verständigt hatten, traf in Peschawar die Nachricht ein, dass Aufständische Kabul erobert hatten. Schodscha war nicht länger König. »Die Briten begannen zu verstehen, dass Afghanistan kein einfacher Ort war, um zu herrschen.«[12] Wieder machte sich in Afghanistan Anarchie breit.

Schah Schodscha geriet in die Gefangenschaft des Sikh-Herrschers Ranjit Singh, ihm gelang aber die Flucht. 1816 erhielt er Asyl beim britischen Repräsentanten in Ludhiana. Dort, 300 Kilometer nördlich von Delhi, richtete er einen Gegenhof zu Kabul ein. Mehrere Versuche, den Thron zurückzuerobern, scheiterten. Auf dem Thron saß ab 1826 sein größter Gegenspieler, Dost Mohammad, selbst wenn dessen Macht nicht über Kabul hinausreichte. Schah

Schodscha musste auf eine Gelegenheit warten, um für die Briten unverzichtbar zu werden, und die entwickelte sich ab 1833.[13]

Das *Great Game* begann. Russland schickte in jenem Jahr einen Gesandten nach Kabul: Graf Iwan Osipowitsch Simonitsch unterstützte die Ambitionen der persischen Dynastie der Qadscharen, sich Teile des heutigen Afghanistan einzuverleiben. So hoffte Graf Simonitsch, eine persisch-afghanische Allianz unter russischer Führung zu schmieden. Für Dost Mohammad bedeutete das Gefahr im Westen, während im Osten der Sikh-Herrscher Ranjit Singh näherrückte und 1835 Peschawar eroberte. Der Sikh hatte wegen seines Bündnisses mit dem British Empire den Rücken frei, und das war gefährlich. In Kabul aber band die Abwehr rivalisierender Thronansprüche alle Kräfte Dost Mohammads. Schah Schodscha wollte ja auf den Thron zurück.

Um seine Position zu festigen, ließ sich Dost Mohammad 1835 in Kandahar den Mantel des Propheten Mohammed, der dort in einem Schrein aufbewahrt wird, umhängen und sich zum *amir al-mu'minin*, dem »Führer der Gläubigen«, ausrufen. Danach rief er zum Dschihad gegen die Sikhs auf. Diese Prozedere sollten die Taliban 1996 wiederholen, als sie ihrem Führer Mullah Omar ebenfalls in Kandahar den Mantel des Propheten umhängten und ihn zum *amir al-mu'minin* ausriefen, der nun islamisch legitimiert an der Spitze ihres Dschihad stand.

Militärisch konnte Dost Mohammad Peschawar nicht zurückerobern. Da kam der Stein ins Rollen, der zum ersten anglo-afghanischen Krieg und der verheerendsten militärischen Niederlage des British Empire führte.[14] Dost

Mohammad bot 1836 dem Gesandten des Empire, Alexander Burnes, ein Bündnis gegen Ranjit Singh an. Davon wollte jedoch Lord Auckland, der Generalgouverneur von Indien, nichts wissen. Er bestand darauf, dass sich das Empire in dem Konflikt um Peschawar neutral verhalten solle. Die Lage Dost Mohammads verschlechterte sich, als die Russen 1837 die persischen Qadscharen bei der Belagerung von Herat unterstützten. Sollte Herat fallen, würden die Qadscharen und Russen weiter nach Afghanistan hinein vordringen.

Im selben Jahr traf der russische Offizier Iwan Wiktorowitsch Witkewitsch in Kabul ein. Er bot Dost Mohammad Hilfe und vor allem 2 Millionen Rubel an, um für den Kampf gegen Ranjit Singh eine Armee zusammenstellen zu können. In Kabul kam es sogar zu einem Treffen zwischen Witkewitsch und dem Briten Alexander Burnes, der weiterhin ein Abkommen mit Dost Mohammad anstrebte. Witkewitsch setzte sich durch, und Burnes verließ Kabul am 26. April 1938. Als der russische Graf das Kommando über die persische Armee übernahm, ließ Auckland britische Truppen auf der persischen Insel Kharg im Persischen Golf landen. Das verfehlte die erhoffte Wirkung nicht. Die persischen Truppen zogen sich aus Furcht vor einer britischen Invasion von Herat zurück, und der Zar rief Simonitsch und Witkewitsch zurück, da sie ihre Kompetenzen überschritten hätten.[15]

Da hatten die Briten bereits entschieden, Dost Mohammad zu stürzen und Schodscha, der nun dreißig Jahre im Exil gelebt hatte, als probritischen Schah in Kabul wieder auf den Thron zu setzen. Eingeweiht wurde er in dieses Vorhaben erst, als bereits alles geplant war. Es sollte sein vierter Anlauf werden, wieder auf den Thron zu gelangen. Der *casus belli* hatte sich zwar verflüchtigt; die persischen Qadscharen und der russische Zar hatten sich ja zurückgezogen, und für das Empire bestand keine Gefahr mehr. Es hätte nun sogar die Chance bestanden, mit Dost Mohammad Verhandlungen aufzunehmen, wie dieser gehofft hatte. Lord Auckland beauftragte aber am 10. September 1838 seinen Generalstabschef, eine Armee für einen Feldzug nach Afghanistan zusammenzustellen. Das Empire erklärte Dost Mohammad den Krieg. Es sollte die Rückkehr eines Königs, nämlich Schah Schodschas, werden. So lautet auch der Titel einer meisterhaften Monographie des britischen Autors William Dalrymple über den ersten anglo-afghanischen Krieg.[16]

Im Dezember 1838 machte sich die gewaltige Indus-Armee im Norden Indiens auf den Weg. Über 20 000 Soldaten wurden von 38 000 indischen Bediensteten begleitet, 30 000 Kamele transportierten die Lasten. Jedem Offizier standen zehn Diener zu, zwei Kamele trugen die mit Zigarren gefüllten Kisten. Auf ihren gewohnten Luxus wollten die britischen Offiziere nicht verzichten. Keiner von ihnen kannte das Land, das sie erobern und in den Dienst des Empire stellen sollten. Ein Spaziergang sollte es nicht werden. Teilnehmer berichteten, bereits auf dem Weg nach Quetta hätten sie das Tor der Hölle erreicht; das Trinkwasser war schlecht, viele wurden krank.

Am 25. April 1839 zog ein Teil der Indus-Armee mit Schah Schodscha an der Spitze in Kandahar ein. Da waren die ersten Zeichen des Widerstands bereits zu erkennen, denn die lokalen Notabeln wollten keinen Herrscher von britischen Gnaden akzeptieren, den offenen Aufstand wagten sie aber noch nicht. Als die Indus-Armee ihren Weg von Kandahar Richtung Kabul fortsetzte, bereiteten in Ghazni Kämpfer der Barakzai dem zurückkehrenden Schodscha einen unfreundlichen Empfang. Diesmal schlug die waffentechnisch überlegene britische Armee die Aufständischen noch nieder.

Ein zweiter, kleinerer Tross der Indus-Armee marschierte von Osten her auf Kabul vor. Auf dem Khyber-Pass stellten sich ihm Kämpfer der Barakzai entgegen. Auch dieses Scharmützel gewann die britische Armee. Als Dost Mohammad in Kabul von den Niederlagen in Ghazni und am Khyber-Pass hörte, übermittelte er den Briten ein Angebot: Schodscha könne auf den Thron zurückkehren, und er werde sich mit dem Posten des Wezirs zufriedengeben. Die Briten wiesen diese Offerte zurück, und Dost Mohammad setzte sich am 3. August 1839 Richtung Norden ab. Vier Tage danach – acht Monate nachdem sie aus Ferozepur im Punjab losgezogen waren – marschierte die Indus-Armee mit dem Sadozai Schah Schodscha in Kabul ein.[17]

In Ghazni und am Khyber-Pass hatte die britische Armee den Widerstand unerwartet mühelos gebrochen, was zu einer Fehleinschätzung des Gegners führte. Daraus resultierend traf Lord Auckland zum zweiten Mal eine folgenschwere, falsche Entscheidung. Die erste war gewesen, dass er die Initiative von Alexander Burnes nicht unterstützt hatte, Dost Mohammad für eine Allianz gegen Russland zu gewinnen. Nun lehnte er den Vorschlag ab, für die britischen Besatzungstruppen in Kabul eine Festungsanlage zu bauen, in der sie sich verschanzen und verteidigen konnten. Stattdessen bauten sie drei Kilometer nördlich der Königsburg Bala Hisar eine Garnison, die sich indes als nicht zu verteidigen erweisen sollte.

Weitere Reibungen entstanden. Die Briten und Schah Schodscha bauten parallele Verwaltungen auf, die Armee unterstand britischem Kommando, und letztlich regierte nicht der machtlose König Schodscha, sondern de facto der britische Diplomat Sir William Macnaghten. Die Notabeln beklagten eine Erosion ihrer traditionellen Rechte, die Bevölkerung akzeptierte Schodscha immer weniger. Im Punjab wandten sich nun die Sikhs gegen die Briten, da sie sich von ihnen umzingelt sahen, und in Buchara stellte der abgesetzte Dost Mohammad eine Armee unter der Flagge des Dschihad zusammen. Seine erste Rebellion im Sommer und Herbst 1840 scheiterte aber. Er ergab sich am 4. November den Briten, die ihn nicht an Schodscha auslieferten. Dost Mohammad ging ins Exil nach Indien.[18]

In Kabul hatten die Briten von außen eingegriffen, die Machtverhältnisse verändert und einen fragilen künstlichen Staat geschaffen, an dessen Spitze eine von ihnen abhängige Marionette stand. Den Staat organisierten sie nach britischen Vorstellungen, ohne auf Stammestraditionen Rücksicht zu nehmen. Ihnen war noch nicht klar geworden, dass diese Konstruktion nur Bestand haben konnte, solange sie anwesend blieben und diese Herrschaft auch subventionierten.

Die Ruhe war trügerisch. Die Wende brachte bereits das Jahr 1841. Aufstände gegen die britische Herrschaft breiteten sich im ganzen Land aus, überall wurden sie größer. Die Besatzer kontrollierten nur noch die Städte. In der Situation beschäftigte sich die britische Regierung mit einer Frage, die mehr als 160 Jahre später wieder aktuell sein sollte: Sollte sie Afghanistan sich selbst überlassen oder wesentlich mehr investieren, die Verwaltung ganz in die Hand zu nehmen und die korrupte Regierung, um sie zu retten, vollständig unter ihre Kontrolle bringen?[19] Diese Frage stellt sich heute wieder.

Immer waren Besatzungen in Afghanistan eine teure Angelegenheit. Die neue Labour-Regierung entschied sich daher dafür, die Gelder für die Mission in Afghanistan massiv zu kürzen. Nicht angetastet wurden die Zahlungen an Schodscha, wohl aber diejenigen für die Stämme in den Provinzen, weil Macnaghten davon überzeugt war, die Ära der nomadisierenden Stämme sei abgelaufen. Das sollte sich rasch als eine weitere verhängnisvolle britische Fehlentscheidung erweisen. Macnaghten kürzte die Zuwendungen an die Ghilzai, die bislang als Gegenleistung für die Zahlungen den für den britischen Nachschub wichtigen Khyber-Pass offengehalten hatten.

Umgehend blockierten die Ghilzai den Pass und plünderten einen aus Indien kommenden britischen Konvoi. Der überlebenswichtige Nachschub war unterbrochen. Am 9. Oktober schickten die Briten eine Einheit von Kabul an den Pass, um die Verbindung wieder zu öffnen. Ghilzai fingen sie jedoch bereits auf dem engen Khord-Kabul-Pass 25 Kilometer östlich von Kabul ab. Sie standen auf einer Anhöhe, zielten mit ihren *Jezail* genannten, selbstgemachten, einfachen Handfeuerwaffen auf die britischen Soldaten und töteten die meisten von ihnen. Nach großen Verlusten erreichten die Überlebenden am 12. November 1841 Dschalalabad, das die Aufständischen nun belagerten. Die britische Einheit erreichte nicht einmal den Khyber-Pass.

Zur gleichen Zeit erhoben sich unter Führung von Mohammad Akbar, einem fähigen Sohn von Dost Mohammad, die Stämme nördlich des Khyber-Passes. Am 1. November 1841 versammelten sich in Kabul Stammesführer und beschlossen, alle Ausländer aus Kabul und dem Land zu vertreiben. Am Tag darauf belagerten Afghanen die Residenz des politischen Repräsentanten Burnes, die im Stadtzentrum mehrere Kilometer südlich der britischen Garnison lag. Als die Residenz abbrannte und Burnes zu fliehen versuchte, stürzte sich der Mob auf ihn, hieb ihm den Kopf ab und überließ den Rumpf den Straßenhunden.[20]

Nun fielen die Aufständischen in Kabul ein und belagerten die britische Garnison, in der das Wasser und die Lebensmittel für die 16 000 Bewohner knapp wurden. Begonnen hatte der Aufstand gegen die Briten unter der Führung der zuletzt von der Macht ausgeschlossenen Barakzai. Über Nacht erhob sich dann der gesamte Osten Afghanistans gegen die Briten. Das Empire musste handeln, aus Dschalalabad und Kandahar wurde rasche Verstärkung für Kabul angefordert, die aber nie eintraf. Stattdessen begannen die Afghanen am 20. November mit der Bombardierung der britischen Garnison. Da erreichte Mohammad Akbar Kabul, um den Widerstand zu organisieren. Schah Schodscha harrte unterdessen in seiner Zitadelle Bala Hisar aus. Er war nicht das Ziel, obwohl er loyal zu den Briten blieb.

Die Zeit drängte. Macnaghten verhandelte mit Mohammad Akbar über einen freien Abzug. Parallel zu seinen Verhandlungen setzte der Brite aber auch ein Kopfgeld auf seinen Widersacher aus, was dieser erfuhr. Als sie sich am 23. Dezember unter freiem Himmel trafen, tötete Mohammad Akbar Macnaghten, enthauptete ihn und zog seinen Leichnam einen Hang hinunter. Dort wurde die Leiche zerteilt, die einzelnen Körperteile wurden im Bazar von Kabul mehrere Tage zur Schau gestellt.[21]

Am 6. Januar 1842[22] zogen die Briten bei eisiger Kälte und kniehohem Schnee aus Kabul ab. Auf den Weg machten sich 16 500 Personen, unter ihnen 4500 Soldaten. Bei ihrem Abmarsch hatten sie 2000 Lasttiere bei sich, aber kaum Essen und Schutz gegen den kalten Winter. Das rettende Ziel sollte das 150 Kilometer entfernt liegende Dschalalabad sein. Gleich zu Beginn erwarteten sie drei schwierige, schneebedeckte Pässe, und von Kabul an wurden sie auf beiden Seiten von feindlich gesinnten Afghanen auf ihrem Weg durch das Territorium der Ghilzai-Stämme begleitet.

Unter ihnen befand sich Mohammad Akbar, der als Gegenleistung für vorübergehende Waffenruhen, die er aushandelte, die führenden Briten der Mission in Kabul als Geiseln in seine Hand bekam. Aus diesem Grund behandelten die Briten seinen Vater Dost Mohammad in Indien gut. Die Geiseln – 88 Offiziere, 12 Frauen und 22 Kinder – sollten zu den wenigen Überlebenden des Trosses gehören. Von Pass zu Pass dezimierten die Afghanen den Tross, bis er am Dschugdulluk-Pass völlig aufgerieben war. Andere starben den Kältetod. Nur einer überlebte, William Brydon, ein Arzt der East India Company. Er erreichte am 13. Januar Dschalalabad.[23]

Nie zuvor und nie danach hatte das British Empire eine verlustreichere Niederlage erlitten. Schah Schodscha, der zuletzt wieder populärer geworden war, verließ am 6. April 1842 das erste Mal seit Monaten wieder seine Zitadelle und wurde noch am selben Tag bei einem Attentat getötet. Nun war der König, der den Briten bei der Besatzung geholfen hatte, tot, und Mohammad Akbar entließ die britischen Geiseln in die Freiheit. Die Briten waren aus Kabul vertrieben. Es dauerte aber nicht lange, bis ein Bruderkrieg zwischen den Durrani und Ghilzai ausbrach. Am 7. Juni 1842 schließlich zog Mohammad Akbar als Herrscher in die Zitadelle Bala Hisar ein.

Die in Kandahar und Dschalalabad stationierten britischen Soldaten hatten ihren Landsleuten nicht zu Hilfe eilen können; dem Aufstand hielten sie aber stand. Am 22. Juli 1842 erhielten sie den Auftrag, über Kabul nach Indien zurückzukehren. Am 8. August machten sich aus Kandahar 6000 Soldaten in Richtung Kabul auf, elf Tage später 8000 Soldaten aus Dschalalabad. Als die Einheit aus Dschalalabad am 15. September in Kabul einmarschierte, stieß sie auf keinen Widerstand. Viele Einwohner hatten die Stadt verlassen, auch Mohammad Akbar war wegen der herannahenden Briten geflüchtet. Zwei Tage später traf der Trupp aus Kandahar ein.

Am 12. Oktober verließen die britischen Soldaten das stark zerstörte Kabul wieder. Noch 1839 hatte der US-amerikanische Reisende Josiah Harlan es als »die Stadt der tausend Gärten« und als »Paradies« beschrieben.[24] Bevor sie abzogen, brannten die Briten die nördlich von Kabul liegende Stadt Charikar als Rache für die Belagerung ihrer Garnison in der Stadt ein Jahr zuvor bis auf den Boden nieder. In Kabul plünderten britische Soldaten, was von den Resten des Bazars übrig geblieben war. Am 23. Dezember 1842 waren die ersten Briten zurück im Punjab und in der Stadt Ferozepur.[25]

Inzwischen hatte Baron Ellenborough den (zumindest in Afghanistan) glücklosen Lord Auckland als britischen Generalgouverneur abgelöst. Ellenborough entschied, das in Anarchie versinkende Afghanistan nun sich selbst zu überlassen. Um das Land dennoch zu stabilisieren, kam den Briten die Idee, Dost Mohammad zurück auf den Thron von Kabul zu verhelfen. Dabei waren es ja die Briten gewesen, die ihm 1838 wegen seinen Verhandlungen mit Russland den Krieg erklärt und damit seinen Sturz eingeleitet hatten. Und so kehrte er im April 1843 mit britischer Hilfe nach Kabul zurück, wo er mit einem Volksfest empfangen wurde.[26]

Dost Mohammad band als fähiger Herrscher die zentrifugalen Tendenzen wieder ein. 1863 eroberte er Herat. Seither gehört die Stadt ohne Unterbrechung zu Afghanistan. Erstmals seit fünfzig Jahren unterstanden nun alle großen urbanen Zentren wieder dem Thron in Kabul. Dost Mohammad herrschte über ein Territorium, das etwa dem des heutigen Afghanistan entsprach. Im Abkommen von Peschawar von 1855 trat er etwaige Ansprüche auf Belutschistan und den Sindh an die Briten ab. Im Gegenzug versprachen ihm die Briten, sich nicht mehr in Afghanistan einzumischen. Wenig später sollte jedoch der zweite afghanisch-britische Krieg ausbrechen.[27]

1863 starb Dost Mohammad und wurde, wie er es sich gewünscht hatte, in Herat bestattet. Es folgten Thronstreitigkeiten, sodass sein Sohn Scher Ali erst 1869 den Thron bestieg. Während seiner zehnjährigen Herrschaft führte er moderne Institutionen und Strukturen ein, etwa ein Kabinett, eine Militärakademie und moderne Schulen. Zu der Zeit hatte sich das Zarenreich vom Krimkrieg (1853 bis 1856) erholt und wandte sich erneut Zentralasien zu. Russische Truppen eroberten die Khanate Buchara, Taschkent und Chiwa. 1872 legten die Briten in alter kolonialer Manier, ohne Scher Ali zu konsultieren, den Amudarya als Grenze zwischen Afghanistan und dem Zarenreich fest. Dann forderte die britische Regierung Scher Ali auf, wieder britische Missionen in Afghanistan zu akzeptieren. Der hatte in die Briten, die ihn in der Grenzfrage übergangen hatten, aber nur noch wenig Vertrauen.

Scher Ali empfing jedoch am 22. Juli 1878 eine russische Delegation, woraufhin ihn Lord Lytton, der britische Vizekönig, aufforderte, er solle nun auch eine britische empfangen. Ohne die Antwort abzuwarten, schickte Lytton eine 250 Mann starke Delegation nach Kabul. Als diese am 3. September am Khyber-Pass abgewiesen wurde, erklärte das Empire Afghanistan zum zweiten Mal den Krieg. Scher Ali setzte sich nach Mazar-e Scharif ab. Am 21. November 1878 marschierten drei britische Armeen in Afghanistan ein, und die von Scher Ali aufgebaute afghanische Armee löste sich auf. Scher Ali starb am 21. Februar 1879.

Mohammad Yakub Khan, ein Sohn von Scher Ali, unterzeichnete am 26. Mai 1879 den Vertrag von Gandomak, in dem die Briten ihm den größten Teil Afghanistans überließen. Sie zwangen ihn jedoch, Teile der Grenzregion und den Khyber-Pass an das Empire abzutreten und in Kabul eine permanente Mission zuzulassen. Die Afghanen betrachten das Abkommen bis heute als eine Schande. Aufgebrachte Einheimische massakrierten die Mitglieder der neuen Mission, und Mohammad Yakub floh nach Indien. Abermals besetzten die Briten am 12. Oktober 1879 Kabul und zogen in Rachestreifzügen durch die Straßen. Ihr

Kommandeur Frederick Roberts will nach eigenen Angaben allein 87 Afghanen öffentlich gehängt haben.

Da rief in Ghazni der Mullah Muschk-e Alam die Afghanen zum Dschihad auf. Ayub Khan, ein Bruder des entmachteten Mohammad Yakub Khan, fügte den waffentechnisch überlegenen britischen Truppen in Maiwand bei Kandahar eine weitere schwere Niederlage zu. Jenseits des Amudarya war der 1840 geborene Abdurrahman, ein Enkel von Dost Mohammad, aufgebrochen und kehrte aus seinem Exil im nun russischen Buchara nach Afghanistan zurück. In kurzer Zeit vereinigte er die Stämme nördlich des Hindukusch unter seiner Führung.

Die Briten suchten Kontakt zu ihm. Als sie ihn im Juli 1880 zum ersten Mal in Kabul trafen, trug er eine russische Uniform, doch trotz dieser anfänglichen Irritation kam eine Verständigung zustande. Abdurrahman willigte ein, auswärtige Beziehungen allein mit dem British Empire zu unterhalten, wodurch Afghanistan ein halbautonomes britisches Protektorat wurde. Im Gegenzug akzeptierten ihn die Briten als den neuen König in Kabul. Die britische Armee wurde aus Kabul abgezogen, und der zweite afghanisch-englische Krieg war beendet.

Bevor es zum dritten anglo-afghanischen Krieg kommen sollte, veränderte Abdurrahman, der bis zu seinem natürlichen Tod 1901 herrschte, Afghanistan mehr als alle Herrscher vor ihm.[28] Mit seiner Regierungszeit begann der moderne afghanische Nationalstaat. Abdurrahman schuf staatliche Strukturen und erstmals einen straff organisierten afghanischen Staat. In zwei Jahrzehnten schlug er im Inneren mehr als vierzig Aufstände nieder. Er ging mit harter Hand gegen alle vor, die sich ihm widersetzten. Wer nicht flüchtete, musste damit rechnen, ermordet oder zumindest interniert zu werden.

Der »eiserne Emir«, wie er genannt wurde, modernisierte das Militär und die Polizei, verstaatlichte die Steuereintreibung und entmachtete die religiösen Führer. Die Aufgabe, die Religion zu beschützen, oblag nun allein dem Staat. Ferner beschnitt er die Macht der Stammesführer, indem er sie zu einer ständigen *Dschirga* fern ihrer Machtbasis in Kabul festhielt. Er siedelte Paschtunen, vor allem auf Kosten der Hazara, in fruchtbaren Regionen im Norden Afghanistans an und forcierte die Islamisierung der Bewohner Kafiristans.

In seine Amtszeit fiel auch die Festlegung des größten Teils der afghanischen Grenzen, wie sie noch heute bestehen, seitens der Briten und Russen. 1893 zerschnitt die Durand-Linie die Siedlungsgebiete der Paschtunen und Belutschen, 1895 wurde der Amudarya endgültig zur Grenze zwischen Russland und Afghanistan. Diese durchschnitt die Siedlungsgebiete der Usbeken und Turkmenen. Die nun eindeutig definierten Grenzen trugen dazu bei, dass sich Afghanistan als Staat etablieren konnte.

Auf Abdurrahman folgte sein ältester Sohn Habibullah, der sich auch deswegen auf dem Thron hielt, weil ihn die Briten großzügig subventionierten, um den Pufferstaat stabil zu halten. Habibullah förderte technische Neuerungen, er lehnte jedoch die Ideen der jungafghanischen Bewegung unter den Intellektuellen Kabuls ab, die maßgeblich von den Ideen der Jungtürken und Atatürks beeinflusst wurden.

Im Februar 1919 wurde Habibullah bei einem Jagdausflug ermordet. Der Verdacht, den Mord angeordnet zu haben, fiel auf seinen Sohn Amanullah. Wohl auch um davon abzulenken, rief Amanullah nach seiner Thronbesteigung, angeblich im Namen aller Muslime Südasiens, den Dschihad gegen das britische Empire aus. Am 3. Mai 1919 erklärte Afghanistan dem Empire den Krieg. Das hatte für Afghanistan zur Folge, dass britische Flugzeuge Kabul und Dschalalabad bombardierten.

Gut achtzig Jahre später sollten britische Soldaten, diesmal an der Seite der USA, erneut Krieg in Afghanistan führen. Auch diesen sollten sie verlieren. Zwei Parallelen lassen sich ziehen: zum einen, dass mit Hamid Karzai an der Spitze des Staates wieder ein machtloser Nachkomme der Durrani stand, der zudem derselben Linie wie Schah Schodscha angehörte; zum anderen, dass es wieder Guerillas der Ghilzai waren, die wie bereits im Winter 1841/42 die Niederlage der Briten einleiteten. Diesmal waren es Taliban, und ihr Führer hieß Mullah Omar.[29]

Der dritte anglo-afghanische Krieg sollte nicht lange dauern. Am 8. August 1919 entließen die Briten Afghanistan in die Unabhängigkeit. Amanullah musste dazu formal die Durand-Linie anerkennen. Afghanistan war jetzt aber frei und unabhängig. Und Amanullah ging daran, das rückständige Land nach dem Vorbild der Türkei und Atatürks zu modernisieren.[30]

Unabhängig: Schleichender sowjetischer Einfluss

Anders als sein Vater Habibullah stand König Amanullah den Reformideen der Jungafghanen nahe. Verheiratet war er mit einer Tochter von Mahmud Terzi, der treibenden

Kraft der Bewegung der jungen afghanischen Reformer. Die Türkei Atatürks wurde sein Vorbild. Noch bevor der am 29. Oktober 1923 die Republik Türkei ausrief, hatte Amanullah eine neue Verfassung verkündet. Die Herrschaft war nun nicht mehr, wie unter Abdurrahman, durch göttlichen Willen legitimiert, sondern durch den Willen der afghanischen Nation. Ein Staat im modernen Sinne entstand – mit Ministerien, einer eigenen Armee und ausländischen Botschaften.

Zunächst lief es gut für den König. Die junge Sowjetunion erkannte als erster Staat das unabhängige Afghanistan an. 1921 schloss Amanullah mit ihr einen Freundschaftsvertrag. Die Sowjetunion leistete Finanzhilfen, lieferte Waffen und begann mit dem Bau einer Straße über den Salang-Pass. Amanullah hatte damit eine Balance zum British Empire hergestellt. Vor den Pogromen der Roten Armee in Zentralasien flohen jedoch scharenweise Usbeken, Tadschiken und Turkmenen über den Amudarya nach Afghanistan. Um die so entstandenen demographischen Veränderungen im Norden Afghanistans auszugleichen, ließ Amanullah dort weitere Paschtunen aus dem Süden ansiedeln.

Seine Reformen gingen den meisten Afghanen aber zu weit, sodass er nach einem Jahrzehnt gestürzt wurde. Er führte die Schulpflicht für Jungen und Mädchen ein, gründete im ganzen Land Schulen für sie und schickte junge Afghaninnen zum Studium in die Türkei. Amanullah verbot hierarchische Standesbezeichnungen und die Sklaverei, den religiösen Minderheiten sicherte er staatlichen Schutz zu. Letzteres musste er rasch zurücknehmen. Auf ihrer großen Europareise 1927 verzichtete seine Frau Soraya auf einen Schleier, in Ankara trug Amanullah aus Respekt für Atatürk wie dieser einen Filzhut. Zurück in Kabul fuhr er einen Rolls Royce. 1928 ordnete er auf einer *Loya Dschirga* an, Religion und Staat zu trennen, die *purdah* der Frau, also ihre Wegschließung, abzuschaffen und in Kabul westliche Kleidung zu tragen. Die Stammesführer forderte er auf, ihre Bärte abzurasieren.[31]

Noch im selben Jahr begannen Stämme einen Aufstand gegen Amanullah, der nun zum Inbegriff eines »fehlgeleiteten Herrschers« wurde. In den Wirren gelangte ein tadschikischer Warlord mit Namen Batscha-ye Saqqao (»Sohn des Wasserträgers«) einige Monate auf den Thron. Amanullah floh nach Rom und starb 1960 in Zürich. Der Warlord berief sich wieder auf eine göttliche Legitimation und ließ sich Anfang 1929 als Habibullah II. krönen. Er wies die Schließung der Mädchenschulen an und führte die Schleierpflicht wieder ein. Es zeigte sich, dass die Macht des Zentralstaats trotz aller Versuche seit Abdurrahman, diesen zu stärken, weiterhin nicht über die großen Städte hinausreichte.

Die chaotische Herrschaftszeit des Analphabeten Habibullah II. dauerte neun Monate. Dann stürzte ihn Nader Schah, der aus einer Nebenlinie der Durrani stammte und bis 1933 regieren sollte. Er ließ Habibullah II. hängen und sich im September 1930 von einer *Loya Dschirga* zum neuen Schah wählen. In der Verfassung von 1931 machte er den Islam wieder zur Staatsreligion, er band die Religionsgelehrten über ein neues Gremium in den Staat ein und baute das Bildungswesen aus. Gegen Oppositionelle ging er hart vor. Als er 1933 die deutsche Schule in Kabul besuchte, wurde er bei einem Attentat getötet.

Zu diesem Zeitpunkt war sein Sohn Zahir Schah erst 19 Jahre alt. Er wurde zwar formal umgehend König, die Regierungsgeschäfte führten zunächst aber zwei Onkel: von 1933 bis 1946 Mohammad Haschem Khan, der an der Politik keine Änderung vornahm, danach bis 1953 Schah Mahmud Khan, der eine vorsichtige Demokratisierung einleitete. Er weitete die Pressefreiheit aus, und es entstand eine politische Opposition, die immer mutiger wurde, bis 1952 die führenden Oppositionellen festgenommen wurden.

Der Zweite Weltkrieg war der wichtigste Einschnitt in der ersten Hälfte von Zahir Schahs Herrschaft. Da Afghanistan mit Deutschland und Japan enge Beziehungen pflegte, forderten Großbritannien und die Sowjetunion 1941 den König auf, 210 namentlich genannte deutsche Staatsbürger auszuweisen. In den 1930er-Jahren hatte vor allem Deutschland in die Infrastruktur und die Modernisierung des Bildungswesens investiert. Nachdem britische und sowjetische Truppen in Iran einmarschiert waren, weil Teheran eine ähnliche Aufforderung ignoriert hatte, kam der Hof dieser Aufforderung auch nach.

Nach dem Ende des Zweiten Weltkriegs veränderte sich die Nachbarschaft Afghanistans. Indien wurde 1947 unabhängig, und Pakistan spaltete sich als selbstständiger Staat von Indien ab. Zum neuen Staat Pakistan gehörten auch die paschtunischen Gebiete westlich des Indus. Die dort lebenden Stämme hatten sich seit dem Ende des 19. Jahrhunderts mit afghanischer Hilfe immer wieder gegen das British Empire erhoben. Nun waren sie als *North West Frontier Province* (NWFP) und »Stammesgebiete unter Bundesverwaltung« (FATA) ein Teil Pakistans.

Afghanistan machte sich nun zum »Anwalt aller Paschtunen«[32] und provozierte Pakistan zweimal. 1949 erklärte eine *Loya Dschirga* die Durand-Linie für null und nichtig, und 1961 wiegelte Afghanistan paschtunische Stämme in Pakistan auf. In beiden Fällen schloss Pakistan die Grenze, das zweite Mal für 19 Monate. Damit konnten vom Hafen in Karatschi keine Güter mehr nach Afghanistan gelangen. Die Eskalation des Konflikts um »Paschtunistan« verdeutlichte der pakistanischen Führung, wie wichtig es ist, in Kabul eine Regierung zu etablieren, die loyal zu Pakistan ist.

Von 1953 bis zu seinem Rücktritt im Jahr 1963 führte Mohammad Daoud, ein Vetter des Königs, die Regierungsgeschäfte. Wie andere Politiker in der Dritten Welt regierte er autoritär. Er wollte einen starken Staat schaffen, um das Land zu modernisieren. Nach dem Zweiten Weltkrieg hatte sich für Afghanistan aber das internationale Umfeld verändert. In den 1930er-Jahren war Deutschland der wichtigste ausländische Partner gewesen, danach hatten in den 1940er-Jahren die USA diese führende Rolle übernommen. Nun wandte sich Mohammad Daoud der Sowjetunion zu.

Ein Auslöser dafür war, dass die USA nicht die gewünschten Waffen lieferten, ein zweiter, dass Afghanistan nicht in den 1955 gegründeten Bagdad-Pakt aufgenommen wurde. Dem Beistandsbündnis gehörten neben den USA und Großbritannien die Türkei, der Irak, Iran und Pakistan an, das die Aufnahme Afghanistans verhinderte. Die Sowjetunion hatte bereits während der pakistanischen Grenzblockaden Waren nach Afghanistan geliefert. Nun modernisierte Moskau auch die afghanische Armee und rüstete sie auf. Russisch wurde die Sprache des Militärs, 3700 afghanische Offiziere und Kadetten gingen zur Ausbildung in die Sowjetunion – und wurden dort auch politisch indoktriniert.[33]

Mohammad Daoud präsentierte 1956 nach sowjetischem Vorbild den ersten Fünfjahresplan, und Moskau baute eine Pipeline, die afghanisches Gas aus der Provinz Badachschan in die Sowjetunion pumpte. Das rief die Vereinigten Staaten auf den Plan, die ab den 1960er-Jahren ihr Engagement im Süden Afghanistans massiv ausweiteten. Afghanistan gelang nun ein Balanceakt der strikten Neutralität, und das Land blieb bis zum sowjetischen Einmarsch 1979 ein Empfänger umfangreicher Hilfen von beiden Supermächten.

Unterdessen nahm die Unzufriedenheit mit Mohammad Daoud und seiner harten Hand zu. Die Gefängnisse waren voll, die Wirtschaft stagnierte, und er trug die Verantwortung für die Eskalation der Paschtunistan-Frage. 1963 zog König Zahir die Reißleine, entließ seinen Vetter und regierte nun selbst. Die von ihm 1964 vorgelegte Verfassung war die bislang freiheitlichste des Landes. Er führte ein Zweikammerparlament ein, gewährte Bürgerrechte und schuf ein säkulares Rechtssystem. Alle Einwohner des Landes galten nun als Afghanen. Die Abgeordneten verstanden sich aber nicht als Volksvertreter, sie fühlten sich ihren Interessen verpflichtet und nicht dem Allgemeinwohl. Neun von zehn Afghanen waren Analphabeten, und auf dem Land änderte sich wenig.

In den 1960er-Jahren verschlechterten sich die Lebensbedingungen. Mehrere Hunderttausend Menschen sollen verhungert sein, viele retteten sich vor dem Hunger durch Auswanderung. In diesem Klima wuchs in Kabul eine politisierte Generation von Studenten heran; es gab nun eine kleine Gruppe von Intellektuellen. Eine wichtige Rolle spielten dabei die vier Auslandsschulen, darunter die deutsche Nedschat-Schule, die etwa der spätere kommunistische Präsident Babrak Karmal besuchte.

Afghanen aus den Provinzen hatten erstmals Bildungschancen, der Aufstieg im Staatsapparat blieb ihnen jedoch verwehrt, da eine kleine Machtelite alle Pfründe unter sich aufteilte. Umkämpft waren die Schulen, die Universitäten und die Militärakademien. Der US-amerikanische Vietnamkrieg war auch in Kabul ein Thema. Parteien wurden gegründet, die aber illegal blieben, da der König das Parteiengesetz nicht ratifizierte.

Bedeutsam sollten eine kommunistische Partei und zwei islamistische Parteien werden. Die 1965 ins Leben gerufene »Demokratische Volkspartei Afghanistans« (DVPA) spaltete sich bereits im Jahr danach in zwei Flügel, *Khalq* (»Volk«) und *Parcham* (»Fahne«). Im radikalen Flügel *Khalq* sammelten sich überwiegend paschtunische Studenten der Ghilzai aus dem Süden und Osten Afghanistans. Ihre bekanntesten Vertreter wurden Nur Mohammad Taraki und Hafizullah Amin. Der gemäßigte Flügel *Parcham* war hingegen ein Sammelbecken für junge Studenten aus Kabul, zu denen Babrak Karmal, der Sohn eines Generals, gehörte.[34]

Die islamistische Bewegung nahm mit dem Religionsgelehrten Gholam Mohammad Niyazi ihren Anfang. Er hatte in den 1950er-Jahren in Kairo an der Azhar studiert. Geprägt hatten ihn dort die Schriften des radikalen Ideologen Sayyid Qutb. Niyazi kehrte 1957 nach Kabul zurück, wo er eine Vereinigung nach dem Vorbild der Muslimbruderschaft aufbaute. In dem zunächst geheimen Gesprächskreis, der sich *Dschamiat-e islami* (»Islamische Vereinigung«) nannte, scharte er gleichgesinnte Professoren und Intellektuelle um sich. Als Niyazi zum Rektor der Universität Kabul ernannt wurde, übernahm sein Schüler Borhanuddin Rabbani die Führung der Vereinigung. Rabbani hatte zuvor ebenfalls in Ägypten studiert und die Werke von Sayyid Qutb ins Persische übersetzt.

Zusätzlichen Schwung erhielt die islamistische Bewegung, als Theologieprofessoren und Studenten 1969 in Kabul die »Organisation der Muslimjugend« gründeten. Ihr traten vor allem Söhne aus dem urbanen Kleinbürgertum bei. Die Muslimjugend identifizierte die kommunistische DVPA als wichtigsten Gegner, und sie forderte, den Staat islamisch zu legitimieren. Aus ihr ging die »Islamische Partei« (*Hezb-e islami*) hervor, deren Führer Golbuddin Hekmatyar wurde.

Rabbani und Hekmatyar sollten zu den wichtigsten Anführern der Mudschahedin im Kampf gegen die Sowjetarmee werden. Der 1940 geborene Rabbani war Theologieprofessor; als Tadschike umgab er sich in der Führung seiner Vereinigung mit anderen Tadschiken. Als radikaler galt der 1949 geborene Hekmatyar, ein Ghilzai-Paschtune. Er begann ein Studium der Ingenieurswissenschaften, schloss es wegen seines umtriebigen Aktivismus aber nicht ab.

Am 17. Juli 1973 putschte Mohammad Daoud, der Vetter des Königs, und kehrte nach zehn Jahren auf die politische Bühne zurück. Unterstützt wurde er von in der Sowjetunion ausgebildeten Offizieren und dem *Parcham*-Flügel der DVPA. Zahir Schah ging ins Exil nach Rom, Mohammad Daoud rief die Republik Afghanistan aus und etablierte eine repressive Herrschaft. Die islamische Bewegung ging in den Untergrund, bewaffnete sich und nahm den Kampf gegen die – bereits als kommunistisch empfundene – Regierung von Mohammad Daoud auf.

Mit großer Brutalität ging dessen Geheimpolizei gegen alle Gegner vor. 1974 nahm sie den Islamistenführer Niyazi mit 200 Gefolgsleuten fest, vier Jahre danach wurde er hingerichtet. Bereits 1975 riefen Hekmatyar und Rabbani, die Zuflucht in Pakistan gefunden hatten, den Dschihad gegen das Regime aus und nahmen den bewaffneten Widerstand auf.[35] Die islamischen Gruppen bauten ihre Strukturen aus, der Führungskader der beiden großen islamischen Parteien wurde die neue religiöse Elite des Landes. Insbesondere die *Hezb-e islami* orientierte sich programmatisch und organisatorisch an der ägyptischen Muslimbruderschaft.

Der Druck auf Mohammad Daoud nahm zu. Er versuchte, seine Macht zu retten, indem er zahlreiche sowjetische Militärberater nach Hause schickte und die *Parchamis* aus seinem Kabinett entließ; diese verbündeten sich daraufhin aber mit dem ohnehin ausgebooteten *Khalq-Flügel* gegen ihn. Daoud ignorierte die Gefahr, dass viele Offiziere mit der Kommunistischen Partei und der Sowjetunion sympathisierten. Die Mehrheit der Offiziere war ja in der Sowjetunion ausgebildet worden, und die Indoktrination mit kommunistischem Gedankengut war weit fortgeschritten.[36]

Als auch die Studenten gegen ihn auf die Straße gingen, begannen die prosowjetischen Offiziere und die Funktionäre der DVPA mit der Vorbereitung eines Putschs. Zum Auslöser wurde die Ermordung des Chefideologen der *Parchamis*. Sie löste Massenkundgebungen aus, auf die Mohammad Daoud mit Massenverhaftungen reagierte. In der Nacht zum 26. April 1978 umstellten Panzer den Präsidentenpalast, am 27. April wurde Mohammad Daoud gestürzt. Im Radio verkündete man, die Macht liege nun bei einem revolutionären Rat der bewaffneten Streitkräfte. Afghanistan war jetzt eine »Demokratische Republik«. Bei dem blutigen Putsch sollen 2000 Menschen getötet worden sein, unter ihnen Mohammad Daoud und seine Familie.

3. DER LANGE KRIEG BEGINNT

Vom sowjetischen Einmarsch zu den Mudschahedin

Was sich im April 1978 ereignete, hatten selbst die Theoretiker des Marxismus-Leninismus in Moskau wegen der Rückständigkeit des Landes für unwahrscheinlich gehalten: eine kommunistische Revolution in Afghanistan. Dabei hatte in den Jahren zuvor der Einfluss der Sowjetunion schleichend immer weiter zugenommen und war zuletzt nicht mehr zu übersehen gewesen. Nach dem Putsch kehrten die Offiziere in ihre Kasernen zurück, die Macht traten sie an die bislang verbotene DVPA ab. Deren Vorsitzender, Nur Mohammad Taraki, wurde der Vorsitzende des Revolutionsrats und Ministerpräsident. Der starke Mann war aber Außenminister Hafizullah Amin.

Sie – die Vertreter des radikalen DVPA-Flügels *Khalq* – schalteten den gemäßigten *Parcham*-Flügel aus und begannen, ohne Zeit zu verlieren, mit dem Umbau des Landes nach dem Vorbild der Sowjetunion. Sie holten sowjetische Berater ins Land, und die von ihnen eingeleitete Landreform orientierte sich an den sowjetischen Vorgaben, nicht jedoch an den Bedürfnissen der Bauern. Die Landbevölkerung lehnte sie auch deswegen ab, weil sie gegen das islamische Recht verstieß. Mit robusten Methoden zwang die Alphabetisierungskampagne selbst alte Menschen auf die

Schulbänke, Mädchen sollten von männlichen Lehrkräften unterrichtet werden und die Frauen den Männern gleichgestellt sein. Diese Revolution war eine Kriegserklärung an die konservativen Stammesführer.

Und so intensivierten die aus Pakistan operierenden islamischen Widerstandsgruppen – die Welt sprach bereits von den »Mudschahedin«, den Kriegern des Dschihad – ihre Angriffe in Afghanistan. Die Spannungen nahmen zu, als am 14. Februar 1979 der US-amerikanische Botschafter in Kabul, Adolph Dubs, entführt und bei einer Befreiungsaktion der afghanischen Sicherheitskräfte getötet wurde. Wiederholte Überfälle auf sowjetische Militärberater heizten die Spannungen weiter an, sodass die Sowjets ihre Truppen massiv aufstockten und es in Afghanistan bald mehr Russen geben sollte als vor dem Sturz des Schahs US-Amerikaner in Iran.[1]

Die radikalen Vertreter des *Khalq*-Flügels ordneten Verhaftungswellen an, die sich gegen jegliche Andersdenkenden richteten, allen voran gegen die Islamisten und die Anhänger des Königshauses. Auch vor Massenmord schreckte das Regime nicht zurück. Seiner Schreckensherrschaft sollen bis zu 100 000 Menschen zum Opfer gefallen sein.[2] Je stärker die Repressionen wurden, desto größer wurde der Widerstand. Proteste flackerten landesweit auf. Den Aufständischen schlossen sich Einheiten der Armee und einzelne Kommandeure an, unter ihnen Ismail Khan, der in Herat später zu einem der großen Führer der Mudschahedin aufsteigen sollte.

Im März 1979 übernahmen die Aufständischen die Kontrolle über Herat. Sie folterten und töteten mehr als fünfzig Sowjets, zerstückelten deren Leichname und trugen die abgetrennten Köpfe durch die Straßen. Als Vergeltung bombardierten sowjetische IL-28-Kampfflugzeuge die Stadt. Über 5000 Menschen kamen bei den Ausschreitungen ums Leben, unter ihnen 100 sowjetische Berater und ihre Familienangehörigen.[3]

Es war offensichtlich, dass sich das afghanische Regime ohne sowjetische Hilfe keinen Tag länger würde halten können. Die Sowjetunion erhöhte ihre Waffenlieferungen und die Zahl ihrer Soldaten, und die Sowjetarmee übernahm den wichtigen Luftwaffenstützpunkt Bagram bei Kabul. Die Sowjets misstrauten der afghanischen Armee. Kein afghanisches Militärflugzeug durfte abheben, ohne dass ein sowjetischer Pilot an Bord war. Die Kriegsführung der Sowjets wurde immer brutaler: Sie schickten Panzer und Kampfhubschrauber los, die Dörfer auslöschten und Ernten vernichteten. Keine Seite machte Gefangene, weder die Sowjets noch die Mudschahedin. Wer in die Hände des Feindes fiel, wurde getötet.

Die Sowjets machten den kommunistischen Hardliner Hafizullah Amin dafür verantwortlich, dass das Land außer Kontrolle geriet, und wollten ihn deshalb mithilfe des DVPA-Generalsekretärs Taraki beseitigen. Ende September 1979 setzte sich aber der misstrauisch gewordene Amin gegen Taraki durch und ließ seinen Konkurrenten erschießen. Um seine Haut zu retten, nahm Amin nun Kontakt zu Pakistan, den USA und Islamisten auf, was in Moskau erst recht die Alarmglocken schrillen ließ.

Alarmstimmung herrschte dort bereits wegen des Nachrüstungsbeschlusses der NATO vom 12. Dezember 1979. Jetzt kam noch die Angst hinzu, an der Südflanke Afghanistan, das bereits als Teil des sowjetischen Imperiums galt, zu verlieren. Die Furcht war umso berechtigter, als die Vereinigten Staaten zu Jahresbeginn mit dem Sturz des Schahs Iran verloren hatten und Afghanistan für Washington wieder wichtig geworden war. Moskau war klar, dass alle Investitionen, in Afghanistan die Herrschaft zu übernehmen, umsonst gewesen wären, sollte in Kabul die DVPA von der Macht vertrieben werden.

Daher entschied der innere Zirkel der Kommunistischen Partei der Sowjetunion (KPdSU) am 12. Dezember 1979 – gegen die Bedenken der Generäle –, in Afghanistan einzumarschieren und den unberechenbaren Amin durch den steuerbaren Karmal zu ersetzen.[4] Die Chancen auf einen Erfolg schienen günstig, denn der Winter zwang die Mudschahedin zu einer Kampfpause, und in Washington regierte mit Jimmy Carter ein schwacher Präsident.

Ab Mitte Dezember zogen die Sowjets an der Grenze zu Afghanistan Truppen zusammen. Sie verschleierten ihre Absicht nicht im Geringsten und ließen auf dem zivilen Flughafen von Kabul mehrere Tausend Soldaten landen. In der Nacht auf den 25. Dezember trafen dann im Zehnminutentakt sowjetische Großraumtransporter in Kabul ein. Nachdem die Soldaten ausgestiegen und die leichten Panzer ausgeladen waren, kehrten sie umgehend für weitere Flüge noch in derselben Nacht zurück. Als der Tag anbrach, rollten lange Kolonnen sowjetischer Militärfahrzeuge bei Termiz über die Brücke des Amudarya. Sie erreichten noch am selben Tag das 400 Kilometer entfernte Kabul.

In wenigen Tagen hatte die Sowjetunion 80 000 Soldaten nach Afghanistan gebracht.[5] Auch in den Folgejahren stationierte sie selten mehr als 85 000 Soldaten. 1968 hatte der Kreml zur Niederschlagung des Aufstands in der Tschechoslowakei noch 250 000 Soldaten eingesetzt. Im Vergleich dazu hatten die Vereinigten Staaten 1969 in Vietnam eine halbe Million Soldaten stationiert.[6]

Der Staatsstreich selbst begann am Abend des 27. Dezember. Noch in derselben Nacht wurde Amin im Präsidentenpalast Darulaman getötet, wenige Stunden später traf Moskaus neuer Mann Babrak Karmal aus Taschkent kommend in Kabul ein. Radio Kabul legitimierte den sowjetischen Einmarsch mit dem Freundschaftsvertrag beider Länder vom 5. Dezember 1978, der jedoch kein Vertrag für einen militärischen Beistand war.

Die Sowjetarmee war mit ihrem ganzen schweren Gerät einmarschiert und zeigte eine beeindruckende Schau ihrer militärischen Macht. Es sollte sich aber rasch erweisen, dass sie in einem Guerillakrieg, den die Mudschahedin in dem unübersichtlichen Gelände Afghanistans führten, vor allem außerhalb der großen Städte verwundbar war. Auch die Sowjets brachten in kurzer Zeit zustande, was offenbar nur Besatzern gelingt: über alle ethnischen und geographischen Verwerfungslinien hinweg die Afghanen zu einen. Tausende Mullahs riefen den Dschihad gegen die gottlosen Kommunisten aus. Wer Waffen tragen konnte, griff zu einer alten Handfeuerwaffe oder zu einer Kalaschnikow. Pakistan lieferte sie und bald auch Granatwerfer.

Die Führung in Islamabad fürchtete zum einen, das nächste Ziel der sowjetischen Aggression zu werden, und zum anderen, dass eine kommunistische Regierung in Kabul zusammen mit Indien, das enge Beziehungen zur Sowjetunion unterhielt, Pakistan in die Zange nehmen könnte. Würde Indien die schwer zu unterwerfenden Stämme im Nordwesten Pakistans bewaffnen, drohten überdies separatistische Bewegungen. Pakistan sah daher zu einer Unterstützung des afghanischen Widerstands keine Alternative.[7]

Noch am Abend des 24. Dezember schrieb der damalige US-amerikanische Nationale Sicherheitsberater Zbigniew Brzezinski an Präsident Jimmy Carter, nun hätten die Vereinigten Staaten »die historische Chance, der Sowjetunion ihr Vietnam zu geben«.[8] Anfang Februar 1980 flog er nach Islamabad und von dort weiter nach Riad, um mit Pakistan und Saudi-Arabien die trilaterale Zusammenarbeit zur Unterstützung des afghanischen Widerstands zu begründen, die rasch Gestalt annahm.

Dieser Widerstand hatte sich bereits nach dem Palastcoup von 1973 zu bilden begonnen. 1974 schlugen Rabbani, Hekmatyar und Ahmad Schah Massoud in Peschawar ihre Zelte auf; sie waren aber mittellos. 1975 organisierte der pakistanische Geheimdienst ISI erstmals ein Trainingscamp für 5000 junge Afghanen, und in der grenznahen Kleinstadt Darra Adam Khel entstanden kleinere Waffenmanufakturen. Der Ort sollte bald als Umschlagplatz für Waffen, die für Afghanistan bestimmt waren, weltweit Bekanntheit erlangen.

Peschawar wurde zum politischen Zentrum des bewaffneten Widerstands. Hier ließen sich die *Hezb-e islami* von Hekmatyar sowie die *Dschamiat-e islami* von Rabbani und ihrem militärischen Kommandanten Ahmad Schah Massoud nieder, ebenso die zweite *Hezb-e islami* von Yunus Khalis, der sich von Hekmatyar abgespalten hatte. Ergänzt wurden die drei islamistischen Parteien von drei weniger radikalen Parteien, von denen sich eine für die Rückkehr zur Monarchie aussprach.[9]

Der Westen feierte die Mudschahedin als Freiheitskämpfer. Sobald es der Winter Anfang 1980 zuließ, intensivierten sie ihren Dschihad, den sie gegen die sowjetischen Besatzer richteten, aber auch gegen zivile Ziele wie Lehrer und Schulen in den Städten. Sie kämpften ohne zentrale Kommandostruktur, und sie griffen ihre Ziele in kleinen Einheiten von bis zu dreißig Kämpfern aus dem Hinterhalt an. Ihre Verbündeten waren die Berge, in denen sie sich auskannten. In den Regionen, aus denen sie die Sowjets vertrieben hatten, richteten sie eine Selbstverwaltung ein.

Bereits im ersten Halbjahr 1980 töteten sie 6000 sowjetische Soldaten. Sicher waren die Sowjets nur in ihren festungsartigen Kasernen, nicht aber außerhalb. Ihre großen Operationen blieben ohne durchschlagenden Erfolg, denn sie trafen auf einen Gegner, den sie nicht erwartet hatten. Da sich die afghanische Armee wegen Fahnenflucht zunehmend auflöste, befanden sie sich in einem Abnutzungskrieg und waren in einer feindlichen Umgebung auf sich allein gestellt.[10]

Ende 1980 passte die Sowjetarmee ihre Kriegsführung erstmals den Bedingungen in Afghanistan an. Sie konzentrierte sich nun auf die Sicherung der großen Städte und der Ringstraße, die die Städte miteinander verbindet. Anstelle der großen konventionellen Truppen setzte sie nun auf kleine, flexible Einheiten, vor allem auf Kampfhubschrauber, die Dörfer bombardierten und Bewässerungssysteme zerstörten. Sie glaubten, so die Moral der Mudschahedin und deren Unterstützer treffen zu können.

Der größte Feind der Mudschahedin war zunächst ihre Uneinigkeit. Um das zu ändern, lud Saudi-Arabien die politischen Führer des afghanischen Widerstands im Januar 1981 nach Taif ein. Dort schworen sie feierlich, sich nicht mehr gegenseitig zu bekämpfen, und einigten sich auf den Religionsgelehrten Abd al-Rasul Sayyaf, den Favoriten der Saudis, als ihren Sprecher. Als sie aber nach Peschawar beziehungsweise nach Afghanistan zurückkehrten, bekämpften sie sich erneut, sodass sich der frustrierte Sayyaf von ihnen abwandte und die siebte afghanische Oppositionspartei von Peschawar, *Ettihad-e islami* (»Islamische Union«), gründete. Ein zweiter saudischer Anlauf, den Widerstand zu einen, scheiterte im März 1982 ebenso kläglich wie der erste. Entnervt traten die Saudis die Betreuung der Mudschahedin daher an Pakistan ab.[11]

Unterdessen nutzten die Sowjets ihre militärische Überlegenheit. Sie machten Siedlungen um die großen Städte und um strategische Punkte dem Erdboden gleich, entvölkerten ganze Landstriche, zerstörten Ernten und Viehherden. Entlang der Grenze zu Pakistan zwangen sie alle Einwohner zur Flucht, um eine unbewohnte Pufferzone zu schaffen. Als besonders perfide galten die als Spielzeug getarnten Schmetterlingsbomben, die Kinder töteten, und das Vergraben mehrerer Millionen Antipersonenminen.[12]

In dieser frühen Phase des Kriegs versuchte der afghanische Geheimdienst KHAD, in Pakistan Unruhe zu stiften. Dazu verteilten seine Agenten Waffen an paschtunische Stämme, außerdem schleuste man in die Flüchtlingslager Lehrer ein, die für den Kommunismus werben sollten. Die Verletzung des pakistanischen Luftraums durch sowjetische und afghanische Flugzeuge gehörte zum Alltag. Der pakistanische Präsident Mohammad Zia ul-Haq soll seinem Geheimdienstchef gesagt haben: »In Afghanistan muss das Wasser mit der richtigen Temperatur kochen.«[13]

Um die Effizienz der Mudschahedin zu steigern, stellte Pakistan die Verteilung der Waffen um: Der Geheimdienst ISI gab sie nicht mehr an einzelne, unabhängig voneinander agierende Kommandanten ab. Es entstand ein System, das als die »Waffen-Pipeline« Bekanntheit erlangen sollte: Die CIA beschaffte die Waffen, Saudi-Arabien zahlte sie. Der Geldtransfer lief über ein dazu eingerichtetes Konto der CIA in der Schweiz.

Die Waffen stammten vorzugsweise aus den Staaten des Warschauer Pakts, etwa aus Polen und der Tschechoslowakei, aber auch aus ehemals prosowjetischen Staaten wie Ägypten. China beteiligte sich ebenfalls. Die Vereinigten Staaten, Saudi-Arabien und Pakistan wollten auf keinen Fall als die Lieferanten erkennbar werden. Abgegeben wurden die Waffen nur noch an Kommandanten der sieben Parteien von Peschawar. Diese mussten dazu einen gemeinsamen Militärausschuss bilden, der alle militärischen Einsätze koordinierte.

Ein Drittel der Waffen, die im pakistanischen Hafen Karatschi ankamen, wurden nach Quetta weiterbefördert, der Rest in das Lager Odsch-hri nahe Rawalpindi. Dort hatte das »Afghanistan-Büro« des pakistanischen Geheimdienstes ISI seinen Sitz, dort befand sich das große Waffenlager, und dort bildeten US-amerikanische Soldaten pakistanische Ausbilder aus, die ihrerseits die Mudschahedin ausbildeten. Die Gewehre und die Munition, die Handgranaten und Bomben wurden entsprechend der militärischen Schlagkraft einer Gruppe zugeteilt. Den Transport der Waffen mit kleinen Fahrzeugen oder Lasteseln vom pakistanischen Lager zum Verwendungsort in Afghanistan finanzierten meist private saudische Spender. 1981 beliefen sich die Zahlungen der saudischen und US-amerikanischen Regierung allein für die militärische Unterstützung auf 60 Millionen Dollar, 1984 waren es bereits 400 Millionen Dollar und 1989, im letzten Kriegsjahr, 1 Milliarde Dollar.[14]

1984 korrigierten die Sowjets ihre Kriegsführung abermals. Sie ließen ihre Kampfflugzeuge nun hoch über den ländlichen Provinzen fliegen. Ziellos, aber flächendeckend warfen sie Bomben ab. Ihren Bodenoffensiven hingegen war kein Erfolg beschieden. Selbst wenn sie keine Schlachten verloren, errangen sie auch keine nachhaltigen Siege. Trotz sieben großer Bodenoffensiven gelang es der Sowjetarmee nicht, das von Ahmad Schah Massoud verteidigte Pandschschir-Tal einzunehmen. »Das Pandschschir-Tal wurde das Mekong-Delta der Sowjets.«[15]

Seit Dschingis Khan hatte in Afghanistan kein Eroberer mehr so gewütet wie die Sowjets. Der Krieg löste daher den weltweit größten Massenexodus seit dem Ende des Zweiten Weltkriegs aus. Mitte der 1980er-Jahre war jeder zweite Afghane auf der Flucht. Vor den sowjetischen Besatzern flohen 3,5 Millionen nach Pakistan, mehr als 1 Million nach Iran. Bereits vor dem Einmarsch waren 1978 und 1979 mehr als 1 Million Afghanen in die Nachbarländer aufgebrochen. Als Folge der anhaltenden Flucht halbierte sich in den südlichen und südöstlichen Provinzen die Bevölkerung. Dies führte zu demographischen Verschiebungen, denn die meisten Flüchtlinge waren Paschtunen. So kam es, dass nun die Tadschiken die größte Bevölkerungsgruppe stellten.[16]

Dass sich die Regierung von Babrak Karmal hielt, war eine Überraschung. Nachdem die afghanische Armee zu Beginn der 1980er-Jahre aufgrund von Fahnenflucht auf 25 000 Mann unter Waffen – und damit innerhalb weniger Jahre auf ein Viertel – geschrumpft war, wuchs sie wieder auf 40 000 Mann. Die Regierung blieb jedoch schwach. Nicht einmal mit der Rücknahme von Teilen der Landreform gelang es ihr, Stammesführer und islamische Religionsgelehrte für sich zu gewinnen. Vielmehr vertiefte sich der Graben zwischen der Stadt, wo Frauen nun Aufstiegsmöglichkeiten hatten und sie auch nutzten, und dem konservativen Land nur noch weiter.

Erfolglos blieb das Regime überdies bei dem Versuch, seine Basis durch die Aufwertung benachteiligter Ethnien zu vergrößern, indem etwa deren Sprachen zu Nationalsprachen erklärt wurden. Diese Politik hatte möglicherweise auch das Ziel verfolgt, die Tadschiken, Usbeken und Turkmenen aus Afghanistan herauszulösen, um sie später in die gleichnamigen Sowjetrepubliken einzugliedern.[17]

Es war offensichtlich, dass die Mudschahedin den überlegenen sowjetischen Waffen nichts Gleichwertiges entgegenzusetzen hatten. Große Verluste fügte ihnen die sowjetische Luftüberlegenheit zu, insbesondere der Kampfhubschrauber MI-24 Hind, den die Sowjets den »fliegenden Panzer« nannten. Auf dem Boden bewährte sich die Speznas genannte Eliteeinheit des militärischen Nachrichtendienstes, die in der asymmetrischen Kriegsführung erfahren war. Ihre Soldaten trugen oft die Uniformen der Mudschahedin, und auf ihr Konto ging 1985 und 1986 die Schaffung einer entvölkerten Pufferzone entlang der Grenze zu Pakistan.[18]

Die Mudschahedin waren zwar mutig und entschlossen, das reichte aber nicht mehr. So wichen sie zunächst auf Sabotageakte aus. Ein Ziel war die Pipeline, die von der Grenze und parallel zum Salang-Tunnel direkt nach Kabul verläuft und den Kraftstoff für die Armee nach Kabul pumpte. Die Mudschahedin bohrten an einigen Stellen Löcher in den Grund und injizierten Borcarbid-Pulver in die Pipeline. Stieg ein Hubschrauber, der mit diesem Kraftstoff betankt wurde, in die Luft auf, heizte sich der Motor auf, was zum Absturz führte. Das wirkte auch bei Kampfflugzeugen.[19]

Michail Gorbatschow, der im März 1985 zum Generalsekretär des Zentralkomitees der KPdSU gewählt wurde, drängte nun auf ein Ende des Kriegs. Afghanistan sei wegen »der Konterrevolution und des Imperialismus« zu einer »blutenden Wunde« geworden, klagte er.[20] Im April kündigte jedoch der wiedergewählte US-Präsident Ronald Reagan an, den afghanischen Widerstand »mit allen Mitteln« zu unterstützen. So waren die USA Anfang 1986 erstmals bereit, die Mudschahedin mit Stinger-Abwehrraketen zu versorgen, die der sowjetischen Luftüberlegenheit einen empfindlichen Schlag versetzen sollten. Zudem strömten immer mehr junge arabische Muslime ins Land, die man die »arabischen Afghanen« nannte.

Der Wendepunkt des Kriegs war der 25. September 1986: An diesem Tag schossen die Mudschahedin in Dschalalabad mit der neuen Stinger-Rakete erstmals einen der gefürchteten sowjetischen Kampfhubschrauber des Typs MI-24 Hind ab. Insgesamt brachten sie in den folgenden zwölf Monaten 270 sowjetische Flugzeuge und Hubschrauber zum Absturz. Noch wirksamer sei hingegen die

Sabotage mit Borcarbid-Pulver gewesen, schreibt Turki al-Faisal Al Saud.[21]

Für die Sowjets waren die Verluste ein Schock, ihre Kampfmoral sank, von nun an verteidigten sie nur noch. Euphorisch war indessen die Stimmung der Mudschahedin.[22] Im April 1987 stießen sie erstmals dreißig Kilometer tief in die Sowjetunion vor und beschossen eine Industrieanlage mit mehreren Dutzend Raketen. Die grenzüberschreitende Operation zeigte dem Kreml, wie gefährlich eine weitere Präsenz in Afghanistan werden könnte.

Gorbatschow hatte seinen Generälen im Frühjahr 1985 ein Jahr gegeben, um den Krieg zu beenden. Nun musste er einsehen, dass dieser militärisch nicht zu gewinnen war, und so stellte er am 8. Februar 1988 schließlich den allmählichen Abzug der sowjetischen Truppen in Aussicht. Am 14. April wurde in Genf ein Friedensvertrag unterzeichnet.[23] Das änderte am Stellvertreterkrieg wenig, denn die Sowjetunion bekräftigte ihre Unterstützung für die Regierung in Kabul, und die USA setzten ihre Militärhilfen für die Mudschahedin fort.[24] Am 15. Mai 1988 begann die Sowjetarmee ihren Abzug, am 15. Februar 1989 verließ der letzte sowjetische Soldat afghanischen Boden.

Um einen Übergang zu ermöglichen, der dem Land möglichst wenige zusätzliche Schäden zufügen sollte und afghanische Interessen schützte, drängte die Organisation der Muslimbruderschaft Hekmatyar, Kontakt zur Sowjetunion aufzunehmen. Youssef Nada, damals aus seinem Schweizer Exil für die internationalen Beziehungen der Muslimbruderschaft zuständig, stellte den Kontakt zwischen Hekmatyar und der iranischen Führung her, die den Kontakt vermitteln sollte. Bevor Hekmatyar nach Teheran reisen konnte, brachten ihn die US-Amerikaner nach Riad, wo er seine Zusage zurücknahm, nach Teheran zu fliegen. Nada folgerte daraus, dass den Amerikanern an der Fortsetzung des Kriegs gelegen war. Die Sowjetunion sollte so viel wie möglich bluten. Und so setzte auch Hekmatyar die Bombardierung Kabuls fort.[25]

Die Sowjetarmee hatte auf dem Schlachtfeld zwar keine Niederlage erlitten, sie konnte den Widerstand aber auch nicht brechen. Mit ein oder zwei großen Operationen im Jahr war der Krieg nie intensiv. Den Mudschahedin gelang es trotzdem, die Besatzer zu vertreiben. Diese hatten sich zu spät darauf konzentriert, nur die großen Städte zu halten. Bei ihren Angriffen in den ländlichen Gebieten schufen sie lediglich weitere Flüchtlinge, die sich den Mudschahedin anschlossen.[26]

Der Preis war für die Sowjetunion hoch. Die demoralisierende Niederlage in Afghanistan hatte am Zusammenbruch der Sowjetunion zwei Jahre nach dem Rückzug vom Hindukusch großen Anteil. Der Krieg kostete das Land jeden Tag 12 Millionen Dollar, 13 833 sowjetische Soldaten und Zivilisten wurden getötet. (Die US-Amerikaner hatten in Vietnam allerdings 58 000 Soldaten verloren.) Die Zahl der afghanischen Opfer war jedoch ungleich höher, und das Land war weitgehend zerstört.[27]

Die kommunistische Regierung von Mohammad Nadschibullah, einem Ghilzai-Paschtunen, war nun auf sich allein gestellt. Sie sollte sogar die Sowjetunion überleben, wenn auch nur um wenige Jahre. Nadschibullah ging auf seine Gegner zu und bot ihnen eine nationale Versöhnung sowie die »Respektierung der afghanischen Werte« an. Die Versöhnung gelang aber nicht einmal an der Staatsspitze, wo sich Paschtunen zusammentaten, um zu verhindern, dass Nichtpaschtunen die Macht übernehmen könnten. Ihr Putsch unter Führung des Generals Schahnawaz Tanai scheiterte aber; Tanai setzte sich nach Pakistan ab und schloss sich dem paschtunischen Islamistenführer Hekmatyar an.

Vom afghanischen Bürgerkrieg zu den Taliban

Nach der Niederlage der Sowjets waren die Widerstandsgruppen gefordert. Sie mussten zeigen, dass sie nicht nur kämpfen konnten, sondern für die Zukunft Afghanistans auch ein Programm hatten. Dabei konnten sie frei agieren, denn die Vereinigten Staaten verloren das Interesse an Afghanistan, und Saudi-Arabien sah seine Mission ebenfalls als erfüllt an. Lediglich Pakistan beschäftigte sich weiterhin intensiv mit Afghanistan. Dabei spielte der Wunsch eine Rolle, dass die Flüchtlinge zurückkehren und durch ein stabiles Afghanistan eine Handelsroute nach Zentralasien möglich werden würde.

Pakistan berief Anfang 1989 eine *Loya Dschirga* mit 3000 Teilnehmern nach Rawalpindi ein, an der die sieben Widerstandsgruppen von Peschawar und die zur *Hezb-e wahdat* (»Einheitspartei«) zusammengeschlossenen schiitischen Parteien teilnahmen. Die Uneinigkeit, die sichtbar wurde, war ein Vorzeichen der blutigen Auseinandersetzungen in den kommenden Jahren. Formal einigte sich die *Loya Dschirga* auf eine Gegenregierung. Kaum war das Ergebnis verkündet, scherte Hekmatyar, der dafür bekannt war, keinen Kompromiss einzugehen, jedoch aus und erklärte, er boykottiere die Regierung. Er hatte erwartet, zum Präsidenten gewählt zu werden, erhielt aber nur den Posten des Außenministers. Die Gegenregierung wurde am 14. Februar 1989 auch ohne Hekmatyar vorgestellt.

Zur provisorischen Hauptstadt wurde Dschalalabad bestimmt, das aber zunächst erobert werden musste. Vier Monate wurde Dschalalabad belagert, aufgrund der Zerstrittenheit der Widerstandsgruppen und des Fehlens einer einheitlichen Kommandostruktur allerdings ohne Erfolg. Die Mudschahedin erlitten mit 3000 Toten eine ihrer größten Niederlagen. Hekmatyar und Massoud bekämpften einander, und Hekmatyar ging schließlich gegen alle vor, die er für Feinde hielt, möglicherweise auch gegen Abdullah Azzam, der die Mudschahedin aus der arabischen Welt betreute und am 24. November 1989 bei einem Attentat getötet wurde.[28]

Nicht die Guerillakämpfer leiteten den Sturz des kommunistischen Regimes von Nadschibullah ein, sondern ausgerechnet die russische Regierung des neuen Präsidenten Boris Jelzin. Sie vereinbarte mit den USA im September 1991, alle Waffenlieferungen an die afghanischen Kriegsparteien einzustellen. Um eine Wagenburg aufzubauen, versuchte nun Nadschibullah, ihm gegenüber loyale Paschtunen in militärische Schlüsselpositionen zu bringen. Damit stabilisierte er seine Macht aber nicht, sondern löste im Gegenteil eine Meuterei aus.

Nichtpaschtunische Einheiten desertierten, unter ihnen die 40 000 Mann starke Armee des früheren Geheimdienstoffiziers Raschid Dostum. Dostum, ein Usbeke, hatte sich von Nadschibullah wegen dessen Politik der Paschtunisierung abgewandt. Die nichtpaschtunischen

Gegner Nadschibullahs schlossen sich dem Tadschiken Ahmad Schah Massoud an. In wenigen Tagen nahmen sie in einer Blitzoffensive die Großregion im Norden Kabuls ein. Von Süden näherten sich unterdessen die paschtunischen Truppen der *Hezb-e islami* Hekmatyars, von Westen die der schiitischen *Hezb-e wahdat*. Am Abend des 24. April 1992 scheiterte ein telefonischer Vermittlungsversuch Pakistans und Saudi-Arabiens, die erreichen wollten, dass Massoud und Hekmatyar gemeinsam in Kabul einmarschierten. Hekmatyar lehnte das mit dem Argument ab, Massoud sei mit den Kommunisten verbündet.

Massoud war mit seinen Truppen schneller und übernahm in der Nacht zum 25. April 1992 die Kontrolle über weite Teile Kabuls. Hekmatyars Truppen verschanzten sich daraufhin in den Bergen südlich der Stadt und begannen, sie zu bombardieren. Nadschibullah wurde noch am 25. April gestürzt. Er flüchtete in die Vertretung der Vereinten Nationen in Kabul, wo er bis zu seiner grausamen Ermordung durch die Taliban vier Jahre lang leben sollte.[29]

Die Nordallianz, der nahezu alle nichtpaschtunischen Ethnien angehörten, kontrollierte nun die Stadt. Ihre wichtigsten Führer waren die Tadschiken Rabbani und Massoud mit der *Dschamiat-e islami*, der Usbeke Dostum und dessen *Dschombesch-e melli islami* (»Nationale islamische Bewegung«) sowie Abdul Ali Mazari mit der schiitischen *Hezb-e wahdat*.

Die kommunistische Regierung kollabierte, und der afghanische Staat hörte gänzlich auf zu existieren. Es gab keine Sicherheit mehr für den Einzelnen, für Leib und Leben, für Hab und Gut. Afghanistan war nun ein rechtsfreies Land, in dem Warlords, Milizenführer und Banditen das Sagen hatten. In Kabul selbst begann der Kampf um die Hauptstadt. Unter der kommunistischen Herrschaft war sie nahezu unversehrt geblieben; in den folgenden Jahren sollte sie eine Trümmerlandschaft werden.

Im Februar 1993 unternahmen Saudi-Arabien und Pakistan einen weiteren Versuch, den Konflikt unter den Mudschahedin zu beenden und sie zu einen. Ihre Führer schienen sich dem Druck zu beugen und unterzeichneten am 7. März 1993 in Pakistan das Dokument. Sie wiederholten die Unterzeichnung in Mekka mit der Kaaba als stiller Zeugin, am Tag danach nochmals in Teheran. Und doch brachen am nächsten Tag die Kämpfe erneut aus, weil sich Hekmatyar, der neue Ministerpräsident, weigerte, die Berufung von Massoud zum Verteidigungsminister zu bestätigen.

Turki al-Faisal Al Saud, der von 1977 bis 2001 als Chef des saudischen Geheimdienstes im Königreich für das Afghanistan-Dossier zuständig war, fragte sich daraufhin, weshalb es denn so schwierig sei, in Afghanistan das Kämpfen zu beenden. Seine Antwort lautete: »Es ist der Glaube einfacher, ungebildeter Menschen, dass ihre Gruppe, ihr Stamm oder Dorf gut, ehrenwert, vertrauenswürdig und freundlich ist, dass aber die Leute aus einer anderen Region, sogar aus einer nahen Stadt oder Gemeinde, die sie gar nicht kennen, schlecht oder grausam sind, Diebe oder Mörder oder auf eine andere Weise bedrohlich.«[30]

Ende 1994 hatte sich Rabbani in weiten Teilen Kabuls durchgesetzt, obwohl sich bisherige Verbündete, unter ihnen Dostum, inzwischen Hekmatyar angeschlossen hatten, um einen Erfolg Rabbanis zu verhindern. Hekmatyar bombardierte die Stadt nun anhaltend. Selbst als der pakistanische Ministerpräsident Nawaz Scharif und Turki al-Faisal zu einem Vermittlungsversuch in Kabul landeten, detonierte 100 Meter von ihnen entfernt eine Rakete.[31]

In Kabul bekämpften sich die Milizen, sie zerstörten, plünderten, vergewaltigten. 1993 und 1994 sollen den Bombardements von Hekmatyars Miliz 40 000 Menschen zum Opfer gefallen sein. Die ehemaligen Freiheitskämpfer hatten keine Skrupel, afghanische Städter zu töten, denen sie pauschal unterstellten, Kommunisten zu sein. Bei den Kämpfen in und um Kabul sollen bis zu 80 000 Afghanen ums Leben gekommen sein. Das waren mutmaßlich zwei Drittel aller während der sowjetischen Besatzung getöteten Afghanen. Eine Massenflucht setzte ein, Kabul glich einer Geisterstadt.

Die Mudschahedin zerstörten das Land, das sie zuvor im Dschihad gegen die Sowjetarmee befreit hatten, nun in einem unheiligen Krieg, in dem jeder gegen jeden kämpfte. Und so gelang es ihnen auch nicht, in Kabul eine handlungsfähige Regierung zu bilden. Rabbani, dessen Milizen in der Stadt standen, beanspruchte, seit Juni 1992 Präsident von ganz Afghanistan zu sein, was die *Loya Dschirga* von Rawalpindi im März 1993 bestätigt habe. Er ignorierte dabei die zuvor getroffenen Absprachen, das Amt nur vorübergehend wahrzunehmen.

Rabbanis Partei dominierte die Übergangsregierung, sie besetzte alle Schlüsselposten. Tadschiken und Usbeken kontrollierten die Hauptstadt und den Norden Afghanistans, die Paschtunen hatten zum ersten Mal seit mehr als 300 Jahren – von dem kurzen Intermezzo 1929 mit Habibullah II. abgesehen – die Herrschaft über Kabul verloren. Die einzige große Stadt, die sie noch kontrollierten, war

Kandahar; in Herat, Mazar-e Scharif und Kunduz hingegen setzten sich Selbstverwaltungen durch. Auch aufgrund dieser Ohnmacht beschossen und bombardierten Hekmatyars Milizen Kabul so wahllos: Die Paschtunen wollten Kabul zurück.

Einig waren sich die widerstreitenden Mudschahedin nur darin, dass der neue Staat durch den Islam legitimiert werden müsse. Je radikaler ein Akteur war, als umso islamischer galt er. Die Paschtunen verloren zunehmend die Kontrolle über den Gang der Ereignisse. Die Tadschiken, Hazara und Usbeken bildeten jedoch jeweils einen großen, geschlossenen Block. Bei den Paschtunen war das nicht der Fall, was nicht zuletzt damit zusammenhing, dass der von Pakistan favorisierte Hekmatyar in den Jahren des Bürgerkriegs, auch wegen der Zerstörung Kabuls, keine Glaubwürdigkeit mehr besaß. Auch das half den paschtunischen Taliban bei ihrem Aufstieg.[32]

Zudem spielte den Taliban in die Hände, dass der Kalte Krieg zu Ende war. Die Weltmächte hatten kein Interesse mehr an Afghanistan und an der Fortsetzung des Kriegs am Hindukusch. Die USA wollten vielmehr Afghanistan befrieden, da in dem Land die ersten großen Terroranschläge geplant worden waren, etwa der erste Anschlag auf das World Trade Center im Jahr 1993. Für Unruhe in der Staatengemeinschaft sorgte außerdem, dass Afghanistan nach dem Kollaps der staatlichen Strukturen das Zentrum der weltweiten Opiumproduktion wurde.

Iran und noch mehr Pakistan waren nun die Länder, die direkt Einfluss in Afghanistan nehmen wollten. Für Pakistan war Hekmatyar kein verlässlicher Partner mehr, denn er hatte ja die Paschtunistan-Frage wieder aufgeworfen.

Saudi-Arabien, von dem Pakistan finanziell abhängig war, ließ ihn wegen seiner Parteinahme für Saddam Hussein im Golfkrieg ebenso fallen wie Sayyaf. Es stellte außerdem alle Hilfen an die Mudschahedin ein. »Es war nicht mehr im Interesse Saudi-Arabiens, diese Leute weiterhin zu unterstützen.«[33] Pakistan brauchte in Afghanistan aber verlässliche Partner. Hierfür boten sich die Taliban an.

Als die Taliban Anfang 1994 in Kandahar die Bühne betraten, galt in ganz Afghanistan das Recht des Stärkeren. Es wurde gestohlen und geplündert, entführt und vergewaltigt, man fällte Telegrafenmasten, um die Stämme als Brennholz zu verkaufen. Das Land zerfiel in separate Herrschaftsgebiete. Tadschiken um Rabbani und Massoud kontrollierten Kabul, der Usbeke Dostum herrschte im Norden, der Tadschike Ismail Khan im Westen um Herat, die Hazara schotteten sich in der Zentralregion von Feinden ab, Hekmatyar hatte sich südlich von Kabul festgesetzt. Den Süden um Kandahar teilten sich jedoch Dutzende Warlords auf. Es gab keine traditionellen Stammesführer mehr, und der Krieg hatte auch die klassischen Religionsgelehrten dezimiert. Wer ihn überlebt hatte, setzte sich über die Grenze nach Quetta ab.

Das Vakuum füllten junge Männer, die oft in Koranschulen lebten und daher *Taliban* – »Studenten« – genannt wurden. Sie diskutierten in den Moscheen von Kandahar, wie sich eine Ordnung wiederherstellen lasse. Sie waren Kinder des Dschihad, oftmals Waisen, die unter sich lebten. Desillusioniert wandten sie sich von den Mudschahedin ab, denn sie sahen, was diese zerstört hatten. Sie wollten wiederaufbauen, was der lange Krieg in der Gesellschaft ausgelöscht hatte.

Viele waren in Pakistan in Flüchtlingslagern geboren worden. In ihnen wuchsen sie auf und besuchten dort Koranschulen. Über Afghanistan und die Stammeskultur ihrer Vorfahren brachte man ihnen dort nichts bei. Vermittelt wurde ihnen Basiswissen über die ideale islamische Gemeinschaft zur Zeit des Propheten Mohammed. Und so kamen sie zum Schluss, die Lösung für alle Übel sei die radikale Anwendung des islamischen Gesetzes, so wie sie dieses auslegten.

Der *Talib* ist der Schüler, der lernt. Sein Lehrer ist der *Mullah*, der ihn unterrichtet. Da es keine klassischen Religionsgelehrten mehr gab, wurden die Dorfmullahs die Lehrer der jungen Generation, die der Anarchie ein Ende setzen wollte. Ihr Führer wurde der 1959 geborene Mullah Omar, der bescheiden lebte und sich nicht nur durch seine Frömmigkeit, sondern auch durch seine Abstammung legitimierte: Er gehörte wie Mir Wais, der 1709 Kandahar von den Safawiden befreit hatte und der erste große Führer der Paschtunen gewesen war, innerhalb der Stammeskonföderation der Ghilzai dem Stamm der Hotaki an.[34]

Zwei Vorfälle machten die Taliban in kurzer Zeit zu einer politischen Kraft. Zunächst wurden die Koranschüler bekannt, als dreißig von ihnen, nur mit 16 Gewehren bewaffnet, zwei minderjährige Mädchen, die ein Milizenführer entführt hatte, befreiten und den Entführer am Kanonenrohr eines Panzers erhängten. Menschen kamen nun zu Mullah Omar mit der Bitte, bei lokalen Konflikten Recht zu sprechen. Sein Ansehen wuchs, und er galt als jemand, der den Armen beisteht. Als Lohn für seinen Einsatz forderte er lediglich, dass die, denen er half, nun ihm folgten. Und so wuchs die Bewegung der Taliban mit dem verzweifelten Wunsch der Menschen nach Ordnung und Sicherheit.[35]

Beim zweiten Vorfall blockierten Straßenräuber einen Konvoi mit dreißig pakistanischen Lastwagen, die mit Lebensmitteln und Medikamenten beladen waren und eine Handelsroute von Quetta nach Turkmenistan testen wollten. Nachdem 200 Taliban am 12. Oktober in einer spektakulären Aktion die für den Handel wichtige Grenzstadt Spin Boldak von irregulären Kräften erobert hatten, bat Pakistan die Taliban, nun auch den Konvoi aus den Klauen der Straßenräuber zu befreien. Das taten sie am 3. November 1994: Sie öffneten die Straße wieder für den Verkehr und hängten auch den Führer der Straßenräuber auf.

Am selben Abend nahmen die nun kämpfenden Koranschüler Kandahar ein, sehr zur Freude Pakistans. »Das sind meine Jungs, sie sind gut, ehrlich, und sie sind die Lösung«, sagte der pakistanische Innenminister, General Nasirullah Babar.[36] Pakistan war auch zufrieden, weil die Taliban keine Anstalten machten, die Durand-Grenze, die das Siedlungsgebiet der Paschtunen trennt, wieder zu einem Thema zu machen. Vor allem war Pakistan darüber erfreut, dass die Taliban alle Mautstationen – bis auf ihre eigenen – beseitigten, sodass Lastwagen erstmals seit Langem wieder unbehindert den Süden Afghanistans durchqueren konnten.

In den folgenden drei Monaten überrannten die Taliban den Süden des Landes und beherrschten zwölf der 31 Provinzen Afghanistans. Urplötzlich standen sie vor Kabul und vor Herat. Sie kamen aus dem Nichts und waren bereits eine Macht. 20 000 afghanische Paschtunen, die meist in Flüchtlingslagern gelebt hatten, und weitere pakistanische Paschtunen strömten nach Kandahar, um sich ihnen anzuschließen.[37] Unterdessen nahm der afghanische Bürgerkrieg weiter an Intensität zu.

Im Januar 1995 eroberten die Taliban Ghazni, am 14. Februar vertrieben sie Hekmatyar aus seiner Stellung Charasyab südlich von Kabul, woraufhin sich ein Teil seiner Miliz den Taliban anschloss. Mit der Einnahme Charasyabs öffneten sie abermals einen blockierten Nachschubweg: Kabul war wieder von Süden her erreichbar.[38] Jedoch schlug Ahmad Schah Massoud am 11. März 1995 die Taliban bei dem Versuch zurück, Kabul zu erobern. Bei ihrer ersten großen militärischen Niederlage wurden mehrere Hundert Taliban getötet. Während die kriegsmüde Bevölkerung im paschtunischen Süden die Taliban noch als Friedensstifter begrüßte, stießen sie nun weiter nördlich erstmals auf Widerstand.

Die Taliban wandten sich nach ihrem Misserfolg vor Kabul nach Westen. Dazu forderten sie aus den Koranschulen 25 000 neue Rekruten an. Ihr nächstes Ziel war Herat, die Stadt, die die Sowjets noch mehr zerstört hatten als selbst die Mongolen. Unter Ismail Khan, einem Helden im Kampf gegen die Sowjetarmee, war die Stadt wieder erblüht. Bildung war ihren Bürgern stets wichtig, die Schulen waren voll, die Hälfte der Schüler waren Mädchen.

Mit einer erstmals angewandten mobilen Einsatztaktik eroberten die Taliban im September 1995 mit Herat eine weitere große Stadt und damit auch deren Luftwaffenstützpunkt mit mehreren Kampfflugzeugen. In Herat verboten sie erstmals den Mädchen, eine Schule zu besuchen. In der persischsprachigen Stadt setzten sie Verwalter ein, die nur Paschto sprachen.[39] Der Westen Afghanistans war nun unter der Kontrolle der Taliban. Als Protest gegen die Unterstützung der Taliban durch Pakistan plünderte am folgenden Tag in Kabul der aufgebrachte Mob die Botschaft des Nachbarlands.

Zum Krieg gesellte sich 1995/96 ein Hungerwinter, der viele dahinraffte. Die Taliban nahmen jedoch wieder Kabul ins Visier. Um den Feldzug der Taliban aufzuhalten, legten in Kabul Hekmatyar, Massoud und Dostum ihre Differenzen beiseite. Pakistan beunruhigte das ebenso wie die Konsolidierung der Macht des tadschikischen Präsidenten Rabbani. Pakistans Versuche, einige von Rabbanis Verbündeten zu einem Bündnis mit den Taliban zu gewinnen, scheiterten. Rabbani gelang es im Gegenzug, seine Allianz mit weiteren Gegnern der Taliban zu festigen.

Um den Taliban neuen Schwung zu verleihen, strömten 1200 paschtunische Mullahs am 20. März 1996 nach Kandahar. Es war das größte Treffen von religiösen Führern in der Geschichte Afghanistans. Weder waren die traditionellen Stammesführer zugegen noch Warlords. Die Teilnehmer bestätigten Mullah Omar als ihren Führer, legten das politische Programm der Taliban fest und forderten, den Krieg bis zum Sieg fortzusetzen. Mullah Omar und seine Taliban verfolgten nun das Ziel, die Anarchie durch die Errichtung eines islamischen Staats zu beenden.

Die Taliban belagerten Kabul zehn Monate lang, ohne indessen einen Fuß in die Stadt zu setzen. Ihr Raketenbeschuss auf die Hauptstadt war so grausam wie der Hekmatyars von 1993 bis 1995. Allein im April 1996 sollen sie 866 Raketen auf Kabul abgeschossen haben. Im Sommer 1996 überzeugten sie dann Pakistan und Saudi-Arabien, einen weiteren Angriff auf Kabul zu unterstützen.[40] Der erste Schritt dazu war die Eroberung von Dschalalabad am 10. September, denn der Angriff auf die Hauptstadt konnte nun von Osten her erfolgen. Die Einnahme von Dschalalabad war möglich geworden, weil Pakistan die logistische Unterstützung und den Nachschub für Kabul über den Khyber-Pass aus Pakistan gekappt hatte. Nun konnten die Taliban auf Kabul marschieren.

Massoud zog sich am 26. September mit seinen Kämpfern aus Kabul in das Pandschschir-Tal zurück, und noch am selben Abend zogen die Taliban kampflos in die Stadt ein. Sie fuhren direkt zum UN-Komplex, töteten Nadschibullah, schleiften seinen Leichnam hinter einem Kleinlastwagen durch die Straßen und hängten die Überreste an eine Ampel. Die grausame Ermordung des ehemaligen Präsidenten konnte nur ein Ziel haben: die Bevölkerung zu terrorisieren. Sechs Taliban, von denen keiner jemals zuvor in Kabul gewesen war, bildeten den neuen Stadtrat. Am 28. September verkündete Radio Kabul ein angeblich islamisches System, das es in dieser Strenge in der Moderne noch nicht gegeben hatte. Kabul glich einer von den Taliban besetzten Stadt.[41]

Rabbani, Massoud, Dostum und die Hazara schlossen sich im Oktober zum »Hohen Rat zur Verteidigung des Vaterlandes« zusammen. Sie einte die Einschätzung der Taliban als der größten Gefahr für die nichtpaschtunischen Minderheiten. Das Bündnis gegen die Taliban konnte deren Vormarsch nicht aufhalten, es leitete aber eine neue Phase des Bürgerkriegs ein. Um einen Vorstoß Massouds auf Kabul abzuwehren, schlossen in Pakistan viele Koranschulen ihren Betrieb und schickten die Schüler als Verstärkung für die Taliban nach Kabul. Mullah Omar ging nicht auf die Friedensbemühungen der Vereinten Nationen ein.

Die Taliban beherrschten nun bereits 22 Provinzen, und drei Staaten erkannten sie als die neuen Herrscher an: neben Pakistan auch Saudi-Arabien und die Vereinigten Arabischen Emirate.[42] Als nächstes profitierten die Taliban davon, dass sich ein hoher Kommandeur von Dostum absetzte und sich ihnen anschloss. Mit seiner Hilfe fuhren am 19. Mai 1997 in Mazar-e Scharif 2500 schwer bewaffnete Taliban ein. Sie brachen aber die Abmachung mit dem meuternden Kommandeur, rissen die Macht an sich und ordneten an, alle Usbeken und Hazara zu entwaffnen.

Am 28. Mai begannen die Hazara, sich zu wehren, und rieben die ortsfremden Taliban in Straßenschlachten auf. Hunderte wurden getötet, Tausende gefangen genommen, die meisten von ihnen wurden massakriert und in Massengräber geworfen. Der ethnische Graben zwischen den Paschtunen und den ethnischen Minderheiten vertiefte sich weiter. Die Taliban löschten aus Rache Dörfer der schiitischen Hazara aus und machten usbekische Dörfer dem Erdboden gleich, Hazara und Usbeken massakrierten ihrerseits Kriegsgefangene der Taliban.[43]

Mullah Omar rief die Koranschulen in Pakistan zu Hilfe. Diese sandten 5000 neue Rekruten, und Mullah Omar begab sich zum ersten und einzigen Mal von Kandahar nach Kabul, um die Moral zu heben. Die Gruppen, die Widerstand gegen die Taliban leisteten, machten im Juni Mazar-e Scharif zu ihrem Zentrum, doch das lose Bündnis zerbrach binnen Tagen an internen Streitigkeiten.[44]

Massoud rückte im September bis auf 20 Kilometer auf Kabul vor. Die Taliban nutzten aber die Konflikte unter ihren Gegnern, besonders zwischen den Usbeken und den Hazara. Sie belagerten Mazar-e Scharif ab August 1997, sodass jeglicher Nachschub in die Stadt für 1 Million Menschen unterbrochen war. Die größte Stadt im Norden war für sie ein Ärgernis, weil sie hier eine schwere Niederlage erlitten hatten, weil viele Bewohner Schiiten waren und die Frauen nirgendwo sonst in Afghanistan solche Freiheiten genossen.

Anstatt die Arbeit der UN-Hilfsorganisationen zu unterstützen, um die Not im Land zu lindern, schlossen die Taliban am 20. Juli 1998 alle UN-Büros und zwangen deren Mitarbeiter zur Ausreise. Unterdessen bereiteten sie eine weitere Großoffensive vor. Dazu schickte Pakistan neue Rekruten aus den Koranschulen, und die Saudis stellten Pick-ups bereit. Am 12. Juli eroberten sie Dostums Hauptquartier in Scheberghan. Am 8. August 1998, dem Tag nach den Selbstmordanschlägen auf die US-amerikanischen Botschaften in Nairobi und Daressalam, fuhren die Pick-ups in Mazar-e Scharif ein, wo sich die Taliban an den Hazara mit einem Massaker rächten, das zwei Tage gedauert haben soll. Auch die elf iranischen Diplomaten und Angestellten im iranischen Generalkonsulat wurden getötet. Die Taliban setzten die ethnische Säuberung in der gesamten Provinz fort. Dabei sollen bis zu 8000 Hazara umgekommen sein. Mehrere Hunderte Frauen der Hazara wurden als Konkubinen für Führer der Taliban verschleppt.

Am 13. September 1998 eroberten die Taliban die Stadt Bamiyan. Iran warf Pakistan vor, den Taliban mit Luftunterstützung geholfen zu haben. Am 14. Oktober traf Mullah Omar erstmals einen Vertreter der Vereinten Nationen, den Sondergesandten für Afghanistan Lakhdar

Brahimi. Bei diesem Treffen stimmte er zu, die Leichen der iranischen Diplomaten zu übergeben und die iranischen Lastwagenfahrer freizulassen. Im März 1999 organisierte Brahimi ein Treffen zwischen den Taliban und der Opposition. Immerhin einigten sie sich auf einen Gefangenenaustausch. Doch die Taliban hatten mit den Vorbereitungen für eine weitere Offensive begonnen, und an weiteren Gesprächen mit den Vereinten Nationen hatten sie kein Interesse, sodass Brahimi im Oktober von seinem Posten zurücktrat. Für das Ausbleiben von Fortschritten macht er die Unnachgiebigkeit der Taliban und die anhaltende Unterstützung durch Pakistan verantwortlich.[45]

Nachdem der Widerstand der Usbeken und der Hazara kollabiert war, war Ahmad Schah Massoud der letzte, der sich den Taliban an der Grenze zu Tadschikistan weiterhin widersetzte. Ismail Khan konnte im März 2000 aus dem Gefängnis in Kandahar ausbrechen und nach Iran fliegen. Die Taliban setzten ihre Offensive fort, und am 5. September 2000 fiel Taliqan, das Hauptquartier von Ahmad Schah Massoud, als letzte große Stadt nach einer blutigen Belagerung, an der zu einem großen Teil arabische Kämpfer beteiligt waren und bei der mehrere Hundert Menschen getötet wurden. Nun kontrollierten die Taliban fast das gesamte Land. Der Nordallianz blieben das Pandschschir-Tal und ein kleiner Streifen nahe der Grenze zu Tadschikistan. Die Taliban hatten nun ihre Herrschaft konsolidiert.[46]

Die Zahl ihrer Feinde wuchs aber beständig. Im Ausland wurden sie wegen der Missachtung der Menschenrechte und der Beherbergung Usama Bin Ladins kritisiert. Außer Pakistan hatten die Taliban keine internationalen Unterstützer mehr. In Afghanistan selbst stießen sie die Menschen vor den Kopf, weil sie im Dürresommer 2000, in dem die Preise für Lebensmittel stark stiegen, keine Empathie für das Leid der Menschen zeigten.[47]

Turki al-Faisal beschreibt die Taliban als »Obskurantisten«, die bestenfalls mit Rudimenten des Islams vertraut seien. Sie hätten damals regulär 25 000 bis 30 000 Mann unter Waffen gehabt und die Zahl der Kämpfer vor Offensiven durch Koranschüler erhöht. Nur wenige hätten über technische Fähigkeiten verfügt, etwa Piloten und Panzerfahrer, die sich entsprechende Kenntnisse in der afghanischen Armee angeeignet hätten. Das Königreich Saudi-Arabien habe die Taliban niemals unterstützt. Er selbst habe Taliban, begleitet von pakistanischen Offiziellen, lediglich dreimal getroffen, so Turki al-Faisal. Beim zweiten und dritten Treffen mit Mullah Omar sei es 1998 um die vergeblich geforderte Auslieferung von Bin Ladin gegangen. Dabei sei er zum Schluss gekommen, dass es völlig unmöglich sei, mit ihnen etwas auszuhandeln.[48]

Von den »afghanischen Arabern« zu al-Qaida

Seit dem Tag des sowjetischen Einmarsches war Afghanistan in der islamischen Welt mit einem Schlag ein beherrschendes Thema. Die Muslime waren aufgerufen, Solidarität mit ihren Brüdern und Schwestern am Hindukusch zu zeigen. Einer der ersten, die in der saudischen Hauptstadt Riad aktiv wurden, war der junge Freitagsprediger Saleh Ali al-Suhaibani. Er holte beim Großmufti Abd al-Aziz Bin Baz und dem Vizegouverneur der Provinz Riad, Sattam Bin Abd al-Aziz Al Saud, die Erlaubnis ein, Spenden für Afghanistan zu sammeln, und reiste im Februar 1980 mit 7 Millionen Dollar erstmals nach Pakistan.

Um das wachsende Spendenaufkommen gerecht zu verteilen, gründeten islamische Religionsgelehrte aus Saudi-Arabien, Qatar und Kuwait einen Ausschuss, dem auch Vertreter der Muslimischen Weltliga und der pakistanischen islamischen Partei *Dschamaat-e islami* angehörten. Turki al-Faisal, als Chef des saudischen Geheimdienstes mit dem Afghanistan-Dossier betraut, schätzt die privaten Spenden saudischer Bürger im Zeitraum von 1980 bis 1992 auf 4,5 Milliarden Dollar. Die Auflage der saudischen Regierung war, dass die Spenden nur für humanitäre Hilfen ausgegeben werden durften.[49]

Dem Ausschuss stand der damalige Gouverneur von Riad und heutige König Salman Bin Abd al-Aziz Al Saud vor. Mit den Spenden wurden beispielsweise zwei Krankenhäuser in Peschawar und Quetta gebaut. Prinzen des Hauses Saud stellten für den Transport der humanitären Hilfsgüter Flugzeuge und Schiffe bereit. Partner vor Ort war der saudische Rote Halbmond, der die Hilfen verteilte und den Bau von Krankenhäusern und kleineren Kliniken beaufsichtigte. Weitere Akteure wie die Wohltätigkeitsorganisation der Islamischen Weltliga (*International Islamic Relief Organization*) betrieben jedoch auch religiöse Unterweisung und brachten so den intoleranten wahhabitischen Islam Saudi-Arabiens in die Flüchtlingslager.[50]

Von 1982 bis 1992 seien aus 43 Ländern 35 000 Muslime nach Afghanistan gereist, um einen Beitrag zum Kampf gegen die Sowjetunion zu leisten, schätzt der pakistanische Afghanistan-Kenner Ahmed Rashid. Rekrutiert wurden sie etwa über die Islamische Weltliga und die Muslimbruderschaft. Die meisten arbeiteten zunächst in den Lagern, die, so Rashid, »faktisch Universitäten für den künftigen islamischen Radikalismus« wurden.[51]

Erst ab 1987 – und damit spät – reisten saudische Freiwillige nach Pakistan und Afghanistan, um sich dem militärischen Dschihad anzuschließen. Bin Ladin beschreibt, wie die »arabischen Afghanen« am 3. Juli 1989 in einem Feuergefecht siebzig indische Söldner töteten, die die kommunistische Regierung in Kabul angeheuert hatte, um die Reihen der afghanischen Armee nach der Fahnenflucht vieler Soldaten wieder zu füllen.[52] Da die Araber für den Kampf mit der Waffe nicht ausgebildet waren, leisteten sie keinen nennenswerten Beitrag zum Kampf der Mudschahedin, befand jedoch Turki al-Faisal.[53]

Die Zahl der freiwilligen arabischen Helfer nahm von Jahr zu Jahr zu, sodass 1984 der palästinensische Islamist Abdullah Azzam für sie ein Gästehaus eröffnete, das *Maktab al-Khidamat* (»Dienstleistungsbüro«). Azzam war in Kairo in Kontakt mit den Schriften des radikalen islamistischen Denkers Sayyid Qutb gekommen. Wegen seiner radikalen Ansichten verlor Azzam seine Stelle an der Universität von Amman. Er zog nach Dschidda, wo er an der Universität lehrte und einen wachsenden Kreis von Anhängern um sich scharte. Um den Dschihad gegen den Kommunismus zu unterstützen, wechselte er an die Universität von Islamabad. In Pakistan nahm er Verbindung zu Hekmatyar und Sayyaf auf, den Saudi-Arabien nach Afghanistan entsandt hatte.

Seine große Rolle fand er, als er selbst Spenden sammelte und den arabischen Freiwilligen entsprechend ihrer Fähigkeiten einzelne Aufgaben zuteilte. Gelder erhielt er vom saudischen Roten Halbmond, der Islamischen Weltliga und dem saudischen Geheimdienst.[54] Einer der zahlreichen jungen arabischen Männer, die er empfing, war Usama Bin Ladin, ein Sohn des Gründers des größten Baukonzerns in Saudi-Arabien.

Bin Ladin reiste 17 Tage nach dem sowjetischen Einmarsch zum ersten Mal nach Afghanistan. Zuvor habe er noch kaum etwas von Afghanistan gehört, außer dass es ein muslimisches Land sei und es dort ausgezeichnete Pferde gebe, sagte der begeisterte Reiter Bin Ladin dem ägyptischen Militärreporter Essam Diraz anlässlich eines Buches, das 1991 in Kairo erschien. Er habe gesehen, dass die Mudschahedin schwach und ihre Kampfausrüstung dürftig gewesen seien, man müsse sie also unterstützen. Dann sagte er bereits: »Wenn wir unsere Pflichten ihnen gegenüber nicht erfüllen können, so kann uns das Sterben im Dschihad am besten entlasten.«[55]

Zunächst finanzierte Bin Ladin das *Maktab al-Khidamat* in Peschawar mit 25000 Dollar im Monat. 1985 und 1986 seien die Kosten gestiegen, und so habe er beschlossen, dauerhaft in Peschawar zu leben. Statt nur Geld mitzubringen, wollte er nun Projekte für die Mudschahedin realisieren, wozu er sich mit seinen »Brüdern« in Dschidda abgestimmt habe; konkret plante er, Straßen, Tunnel und Bunker zu errichten, die die Mudschahedin vor Luftangriffen schützen sollten.[56]

Azzam beauftragte ihn, im Königreich Spenden zu sammeln, nun aber auch mithilfe von Ingenieuren und Baumaschinen der väterlichen Firma diese Projekte anzugehen. In den Bergen südlich von Kabul und nahe der Grenze zu Pakistan baute er den Bunkerkomplex Khost, in dem auch

Waffen gelagert wurden und das als Ausbildungszentrum diente. Später sollte es ein Zentrum für al-Qaida werden.[57] Den Begriff al-Qaida verwendete erstmals Abdullah Azzam 1987, als er forderte, eine »solide Basis« (*qaida sulba*) zu gründen, um den Islam zu verbreiten.

Um 1987 eröffnete Bin Ladin sein eigenes Gästehaus und nannte es nach den Helfern, die Mohammed und seine Anhänger bei der Hidschra 622 in Medina aufgenommen hatten, *Dar al-ansar*, das »Haus der Helfer«. Bin Ladin wollte nun nicht länger bloß humanitäre Hilfe leisten, sondern sich mit anderen Freiwilligen am Dschihad beteiligen. Er baute eine kleine Gruppe von bis zu hundert Freiwilligen um sich auf und bewaffnete sie. Mit ihrem extremen wahhabitischen Islam stießen sie jedoch bei den Afghanen, die keine Paschtunen waren, und den Schiiten auf Ablehnung.[58]

Um diese Zeit traf er das erste Mal den sechs Jahre älteren ägyptischen Arzt Ayman al-Zawahiri, der in Peschawar ein von einer kuwaitischen Hilfsorganisation finanziertes Krankenhaus leitete. Zawahiri, der zu den Gründern der ägyptischen Terrororganisation *al-Dschihad al-islami* gehörte, ließ sich 1985 dauerhaft in Pakistan nieder. Bin Ladin war kein Lenin der islamischen Revolution, auch war er kein besonders origineller Denker. Zwei Mentoren hatten ihn jedoch stark beeinflusst: der blinde Scheich Omar Abd al-Rahman, der Emir des *al-Dschihad al-islami*, der 1993 zum Anschlag auf das World Trade Center aufrufen sollte, und Zawahiri.

In der arabischen Welt hatte sich bereits eine neue gewaltbereite Ideologie verstetigt: der dschihadistische Salafismus.[59] Sein Dogma lautete, dass eine Ordnung, die an die glorreiche Frühzeit des Islams anknüpfen solle, nur mit Gewalt herzustellen sei. In Ägypten begann eine Terrorwelle, in der das Attentat auf Präsident Anwar al-Sadat am 6. Oktober 1981 einen vorläufigen Höhepunkt darstellte. Zu den Attentätern gehörte der Ideologe Muhammad Abd al-Salam Farag, der in seinem Hauptwerk *Die vernachlässigte Pflicht* (*al-farida al-gha'iba*) gefordert hatte, im eigenen Land den nahen Feind zu bekämpfen, um eine neue Ordnung zu schaffen und dem Islam zum Sieg zu verhelfen. Die Regime reagierten auf die Terrorwelle mit einem Vernichtungsfeldzug gegen die Dschihadisten.

Zawahiri ging einen Schritt weiter als Farag und forderte, den Dschihad zu internationalisieren, um die sogenannten »Kreuzzügler« zu bekämpfen, zu denen er in erster Linie die Vereinigten Staaten und Israel zählte. Dazu sei es jedoch erforderlich, aus einem sicheren Land heraus zu operieren. In einem Manuskript, das die saudische Tageszeitung »al-Sharq al-Awsat« nach den Terroranschlägen vom 11. September 2001 erhielt und umgehend abdruckte, beschreibt Zawahiri, weshalb Afghanistan an diesem Punkt für ihn bedeutsam wurde.

Er hatte erkannt, dass sich der Dschihad nicht länger aus einem Land wie Ägypten fortführen ließ. Der Dschihad brauche daher ein Terrain als Brutkasten, in dem die Bewegung wachsen und operative Erfahrungen sammeln könne. Und so identifizierte er Afghanistan nach dem Scheitern in Ägypten als den gesuchten Ort. Dort führe nämlich eine muslimische Bevölkerung einen Dschihad gegen ein Regime, das von fremden Ungläubigen unterstützt werde. Es war ihm wichtig, dass dieser Befreiungskrieg nicht mit nationalistischen oder linken Symbolen wie in Palästina vermischt werde, sondern ein Dschihad unter islamischem Banner sei.[60]

In diesem Dschihad könne sich die Jugend nach dem Krieg gegen die Sowjetunion auf die erwartete Schlacht gegen die andere Supermacht, die Vereinigten Staaten, vorbereiten, schrieb Zawahiri, denn die USA hätten dem Islam den Krieg erklärt, ob in Ägypten, ob durch die Unterstützung Israels oder im Kaukasus und an anderen Orten.[61] Der Dschihad in Afghanistan sei eine große Gelegenheit für Muslime aus vielen Ländern, einander als Kameraden im Kampf kennenzulernen. Da der Feind bereits in den Ländern des Islams Fuß gefasst habe, müssten die Schlachten auf den Boden des Feindes verlagert werden, »damit seine Hände verbrennen, bevor er das Feuer in unseren Ländern anzündet«.[62] Als die erfolgreichste Methode, die dem Feind zudem am meisten Schmerzen verursachen würde und bei der die eigenen Verluste am geringsten seien, pries er die Selbstmordanschläge.

Mit diesem Gedankengut gründeten am 11. August 1988 in Peschawar die führenden »arabischen Afghanen« offiziell eine Organisation, die sie »al-Qaida« nannten. Sie sollte das Ziel verfolgen, den Dschihad nun auch jenseits von Afghanistan fortzusetzen. Sie einigten sich auf Bin Ladin als Führer, da Saudis den größten Anteil an den »arabischen Afghanen« stellten.[63] Der einflussreiche Zawahiri, ein Ägypter, wurde lediglich sein Stellvertreter.

Bin Ladin kehrte bereits Ende 1989 nach Saudi-Arabien zurück und machte dem saudischen Staat das Angebot, aufgrund seiner Erfahrungen und angeblichen Erfolge in Afghanistan die Sowjets nun auch aus dem Südjemen zu vertreiben. Turki al-Faisal entlockte er damit nur ein müdes Lächeln. Im August 1990 bot Bin Ladin an, dass die Mudschahedin die Iraker aus Kuwait vertreiben könnten. Der Vorschlag offenbare »Ignoranz auf jeder Ebene«, urteilte Turki al-Faisal.[64]

Als auch die zweite Offerte abgelehnt wurde, begann Bin Ladin eine Kampagne gegen das saudische Königshaus, und die saudische Führung erkannte, dass sich nicht alle Rückkehrer aus Afghanistan leicht in die Gesellschaft integrieren ließen. Diese Kämpfer hatten in Afghanistan für ihr Leben endlich einen Sinn gefunden. Sie bekamen ein Gefühl der Macht, als sie gemeinsam mit den Mudschahedin »das Böse« bekämpft und besiegt hatten. So lobte Hamid Ghul, von 1987 bis 1989 Chef des pakistanischen Geheimdienstes, die »afghanischen Araber« als die »erste internationale islamische Brigade in der Moderne« und verglich sie sogar mit der NATO. Ziel war zu zeigen, dass in Afghanistan die gesamte islamische Welt gegen die Sowjetunion aufgestanden sei. So sahen es zunächst auch die Vereinigten Staaten, die alles dem Fall der Sowjetunion untergeordnet hatten.[65]

Erst später dämmerte es ihnen, dass sie an der Schaffung eines Monsters beteiligt waren und dass 35 000 arabische Afghanistan-Veteranen nach neuen Verwendungen suchten.[66] Viele wollten den Dschihad in ihren Heimatländern oder gegen den Westen weiterführen. Sie waren überzeugt davon, nach dem Sieg über die Sowjetunion nun auch ihre Regime zu Hause und die Vereinigten Staaten zu besiegen und mit dem Dschihad die Gemeinschaft der Muslime, die *Umma*, neu begründen zu können.

Um der Gefahr, die von diesen Veteranen ausging, vorzubeugen, verfolgte die saudische Regierung nun genau, wer nach Afghanistan reiste und wer von dort zurückkehrte. 1992 stellte sie die staatliche humanitäre Hilfe an Afghanistan ein, die sich seit 1980 auf 2,7 Milliarden Dollar belaufen hatte.[67] Saudi-Arabien stoppte auch den Zufluss privater Spenden. Die Spender würden nicht den Dschihad gegen den Kommunismus finanzieren, sondern einen Bürgerkrieg unter Muslimen, lautete das Argument.

Neben den Freiwilligen bei den Hilfsorganisationen, die als unbedenklich galten, identifizierte Riad 500 saudische Kämpfer bei den Mudschahedin. Sie seien meist »halbgebildete, gescheiterte und verlorene Seelen«, schreibt Turki al-Faisal. Knapp die Hälfte wurde erfolgreich repatriiert und integriert. Einige schlossen sich in Saudi-Arabien aber im Untergrund Zellen von al-Qaida an.[68] Die hatte Usama Bin Ladin in den 1990er-Jahren, mit ideologischer Unterstützung des Ägypters Zawahiri, Usama Bin Ladin gegründet und aufgebaut.

Bin Ladin kehrte im März 1992 nach Afghanistan zurück. Von Ende 1993 bis Mai 1996 war er Gast des sudanesischen Machthabers Omar Bashir und von dessen islamistischem Ideologen Hassan al-Turabi. In der Zeit radikalisierte er sich weiter, Saudi-Arabien entzog ihm 1994 die Staatsbürgerschaft, die Familie Bin Ladin verstieß ihn. Davor habe er höchstens 50 Millionen Dollar seines Vermögens aus Saudi-Arabien herausziehen können, so Turki al-Faisal.[69]

In Sudan gründete Bin Ladin für Ausbildungslager für angehende Terroristen. Bereits in dieser Zeit wird er für Terroranschläge verantwortlich gemacht, etwa 1993 für den ersten Anschlag auf das World Trade Center in New York und die Ermordung von 18 US-amerikanischen Soldaten in Mogadischu, 1995 für einen Anschlag in Riad, bei dem fünf Menschen getötet wurden, 1996 für einen Anschlag in der saudischen Stadt Dhahran, bei dem 19 amerikanische Soldaten ums Leben kamen.

Als ihn das sudanesische Regime loswerden wollte, erbot sich Yunus Khalis, einer der Führer der Mudschahedin, ihn in Dschalalabad aufzunehmen und unter seinen Schutz zu stellen. Bin Ladin flog mit seinen drei Frauen, seinen 13 Kindern und zahlreichen arabischen Anhängern in einem gecharterten Flugzeug nach Afghanistan. Drei Monate nach seiner Ankunft veröffentlichte er im August 1996 »die Erklärung des Dschihads gegen die US-amerikanische Besatzung der beiden heiligen Stätten« Mekka und Medina. Das war eine Kriegserklärung gegen Saudi-Arabien.

Das US-amerikanische State Department führte ihn nun als den »einzelnen wichtigsten Finanzsponsor islamisch-extremistischer Aktivitäten«. Zu dem Zeitpunkt schätzte der ägyptische Geheimdienst, dass Bin Ladin 1000 arabische Kämpfer mit dem Ziel ausbilde, den Dschihad in ihre Heimatländer zu tragen. Ein Beispiel ist Algerien, wo aus Afghanistan zurückgekehrten Dschihadisten, die sich in der *Groupe Islamique Armé* (GIA) organisiert hatten, ein maßgeblicher Anteil an einem Bürgerkrieg zukam, der 70 000 Menschen das Leben kostete.

Als Dschalalabad im September 1996 an die Taliban fiel, übernahmen sie die Miliz von Yunus Khalis und auch dessen Gast Bin Ladin. Auf pakistanischen Druck überließen die Taliban Bin Ladin die unterirdischen Komplexe von Khost, in denen Kämpfer für den Kaschmir-Konflikt ausgebildet wurden, was im Interesse Pakistans war.[70] Nach der Eroberung Kabuls durch die Taliban gab Bin Ladin einem US-amerikanischen Fernsehsender ein langes

Interview. Nun wurden Saudi-Arabien und die Vereinigten Staaten nervös.

1997 siedelte Bin Ladin nach Kandahar über, wo ihn Mullah Omar unter seinen Schutz nahm. Damit hatte al-Qaida nicht nur ein Land als Basis und einen *casus belli* gegen den Westen, sondern nun auch eine islamische Legitimation für ihren Dschihad. Das islamische Recht schreibt nämlich vor, dass nur ein Staatsführer den Dschihad ausrufen könne. Mullah Omar war seit dem Treffen der Religionsgelehrten am 20. März 1996 in Kandahar das legitimierte Oberhaupt, und als *amir al-mu'minin* (»Führer der Gläubigen«) war er befugt, den Dschihad auszurufen und zu führen.

Bin Ladin war wieder in den Schlagzeilen, als er am 23. Februar 1998 im Komplex von Khost, der unter seiner Anleitung entstanden war, die Gründung der »Internationalen Islamischen Front des Dschihad gegen die Zionisten und Kreuzritter« bekanntgab.[71] Er rief zur »Befreiung« aller islamischen Länder auf. Die vom Fernsehsender »al-Jazeera« verbreitete Erklärung endete mit dem Aufruf, es sei Pflicht jedes Muslims, US-Amerikaner und deren Verbündete zu bekämpfen und zu töten, seien sie Zivilisten oder nicht. Weitere Erklärungen folgten.

Der US-amerikanische UN-Botschafter Bill Richardson reiste im April 1998 nach Kabul, wo er von den Taliban forderte, Bin Ladin festzunehmen und ihn den Vereinigten Staaten auszuhändigen. Das wäre jedoch nicht im Interesse Pakistans gewesen, weil Bin Ladin in seinen Lagern Extremisten ausbildete, die im von Indien kontrollierten Teil Kaschmirs kämpften. Auch Saudi-Arabien wollte nicht, dass Bin Ladin in die Hände der Amerikaner geriet, und forderte daher von den Taliban dessen Auslieferung an das Königreich.

Im Juni und September 1998 sprach Turki al-Faisal in Kandahar mit Mullah Omar. Der erklärte ihm beim ersten Treffen, das Gastrecht der Paschtunen mache eine Auslieferung Bin Ladins unmöglich. Beim zweiten Treffen habe Mullah Omar in einer schrillen Tirade den Saudis vorgeworfen, sie seien nichts weiter als ein Instrument der US-Amerikaner, und Bin Ladin sei »ein guter Muslim«. Darauf stellte Saudi-Arabien auch jegliche humanitäre Hilfe an Afghanistan und jeden Kontakt zu den Taliban ein.[72]

Die Verbindung zwischen Bin Ladin und der Führung der Taliban wurde jedoch enger. Bin Ladin schickte ab Ende 1997 mehrere Hundert arabische Kämpfer in den Norden Afghanistans, wo sie sich beim Eroberungsfeldzug der Taliban bewährten. Mutmaßlich hatten sie 1998 großen Anteil am Massaker an den Schiiten in Mazar-e Scharif. In Kandahar führten zudem Bin Ladin und die Führer der Taliban lange Gespräche. Bin Ladin fühlte sich sicher und zu weiterem Terror ermutigt.[73]

Zwischen den beiden Treffen starben am 7. August 1998 bei zwei Terroranschlägen gegen die US-amerikanischen Botschaften in Nairobi und Daressalam, zu denen sich al-Qaida bekannte, 224 Menschen. Seither ist im Westen der Begriff al-Qaida bekannt. US-Präsident Bill Clinton ordnete als Vergeltung Bombenangriffe auf Stellungen von al-Qaida in Khost, Kandahar und Dschalalabad an. Am 8. Dezember 1998 drohte der UN-Sicherheitsrat in seiner Resolution 1214 Afghanistan mit Sanktionen und begründete das mit der Beherbergung von Terroristen, der Verletzung der Menschenrechte, dem Drogenschmuggel und der Missachtung der UN-Initiativen zur Befriedung des Landes. Auf die Taliban hatte das keine Wirkung. Dann forderte der UN-Sicherheitsrat in der Resolution 1333 vom Januar 2000 die Auslieferung von Bin Ladin.

Al-Qaida setzte seine Terroranschläge fort. Bei einem Selbstmordanschlag auf den US-Zerstörer USS Cole, der sich am 12. Oktober 2000 lediglich einige Stunden im Hafen von Aden aufhalten sollte, starben 17 Matrosen. In Kabul mussten alle Hindus gelbe Erkennungszeichen tragen, und in Bamiyan sprengten die Taliban die zwei überlebensgroßen Buddha-Statuen aus dem 6. Jahrhundert.

Am 9. September 2001 töteten zwei Dschihadisten, die sich als Journalisten ausgegeben hatten, Ahmad Schah Massoud im Pandschschir-Tal. Zwei Tage danach flogen in New York zwei Flugzeuge in das World Trade Center, ein weiteres steuerten Krieger Bin Ladins in Washington in das Pentagon. Bei den Terroranschlägen, begangen von 19 Attentätern, von denen 15 saudische Staatsbürger waren, verloren 2996 Menschen ihr Leben.

Bin Ladin war Erkennungszeichen des globalisierten Terrors geworden, der Stratege Zawahiri formulierte die Ideologie des dschihadistischen Salafismus. Mullah Omar, der Führer der Taliban, stellte ihnen Afghanistan zur Verfügung. Deshalb bedeuteten die Terroranschläge des 11. September 2001 das Ende seines ersten »Emirats Afghanistan«.

4. DIE ERSTE HERRSCHAFT DER TALIBAN

Der Staat: Das Islamische Emirat Afghanistan

Ein Jahr nachdem die Taliban Kabul erobert hatten, proklamierten sie am 29. Oktober 1997 das »Islamische Emirat Afghanistan«. Der Name soll zweierlei verdeutlichen: Der Staat ist islamisch verankert, hat aber, anders als der 2014 ausgerufene »Islamische Staat«, einen lokalen Bezug und keinen transnationalen Anspruch. Der Staat der Taliban erfüllt drei Voraussetzungen, um islamisch legitimiert zu sein: Das Staatsoberhaupt ist *der* »Befehlshaber der Gläubigen« (*amir al-mu'minin*), eine Versammlung hat ihm den Treueeid (*bai'a*) abgelegt, und ein »konsultativer Rat« (*shura*) berät über die wichtigen Angelegenheiten. Im Idealfall gelangt der Rat zu einem Konsens, bevor das Staatsoberhaupt verbindlich entscheidet.

Der Gründungsakt des Emirats fand bereits am 20. März 1996 statt. An jenem Tag trafen sich mehr als 1200 afghanische Religionsgelehrte (*ulama*) aus dem Süden des Landes und aus Pakistan in Kandahar. Aus ihren Händen nahm Mullah Omar den Mantel des Propheten Mohammed entgegen. Indem die Anwesenden – unter ihnen soll sich auch Usama Bin Ladin befunden haben – per Akklamation ihm gegenüber den Treueeid abgelegt haben, bestätigten sie ihn als *amir al-mu'minin* und als Anführer der Muslime weltweit. Als Emir stand Mullah Omar nun einem Emirat vor. Er vollzog denselben Akt wie unter anderem 1880 Abdurrahman, der als Begründer des ersten afghanischen Staats gilt. Er hatte sich am selben Ort mit demselben Mantel zum Befehlshaber der Gläubigen ausrufen und islamisch legitimieren lassen.[1]

Zum Zentrum der Macht entwickelte sich Kandahar, selbst wenn Kabul die Hauptstadt blieb. Das Führungsgremium des Emirats wurde die *Shura* von Kandahar. Sie knüpfte an das Gremium an, das den Propheten und die ersten Kalifen beraten hatte, entsprach jedoch auch der paschtunischen Versammlung, der *Dschirga*. In der *Shura* kam die kollektive politische Führung der Taliban zu teilweise sehr langen Debatten zusammen, bevor Mullah Omar eine Entscheidung traf. Zunächst hob sich das Modell wohltuend von der Herrschaft der Mudschahedin ab, bei denen der jeweilige Führer alleine entschieden hatte. Je mehr die Taliban aber die Herren Afghanistans wurden, desto weniger transparent und partizipativ waren die Prozesse. Schließlich wurden sie eine »Geheimgesellschaft, die vor allem von Leuten aus Kandahar so mysteriös, verschlossen und diktatorisch wie die Khmer Rouge in Kambodscha oder im Irak unter Saddam Hussein betrieben wurde«.[2]

Der engere Kreis der *Shura* von Kandahar umfasste zehn Mitglieder, die sämtlich Weggefährten von Mullah Omar waren; neun von ihnen waren Paschtunen. Bei Bedarf konnte das Gremium auf bis zu fünfzig Personen anwachsen, wenn Stammesälteste, *ulama* und militärische Kommandeure hinzugerufen wurden.

Mullah Omar, der 1959 nahe Kandahar geboren wurde

und zur Stammeskonföderation der Ghilzai gehörte, hatte eine einfache dörfliche Koranschule (*hudschra*) besucht. Er wurde ein einfacher Dorfmullah ohne höhere Bildung. Teil seiner moralischen Legitimation waren die Träume, in denen er angeblich mit dem Propheten sprach. Den Besuch einer Ausbildungsstätte für Mullahs brach er 1980 ab, um gegen die sowjetischen Besatzer zu kämpfen; in dieser Zeit wurde er offenbar Experte für Panzerabwehrraketen. Im Kampf wurde er mehrfach verwundet und verlor ein Auge. Er starb 2013 in Pakistan mutmaßlich an Tuberkulose. Andere führende Mitglieder der Taliban kehrten wie Mullah Omar ebenfalls mit sichtbaren Verwundungen aus dem Krieg zurück.[3]

Das Kabinett des Emirats war die *Shura* von Kabul. Die 17 Minister, von denen lediglich zwei keine Paschtunen waren, besaßen jedoch keine Vollmachten. Ihre Aufgabe war die Umsetzung von Grundsatzentscheidungen aus Kandahar in Regierungspolitik. Als sich die Kabinett-*Shura* 1998 für die Rückkehr von UN-Hilfsorganisationen aussprach, lehnte Mullah Omar das ab. Er setzte sich auch über die Argumente hinweg, angesichts des internationalen Drucks von der Sprengung der Buddha-Statuen in Bamiyan abzusehen. Mit diesem Akt wollte er gegenüber der Staatengemeinschaft die Unabhängigkeit seines Emirats unterstreichen, denn die Sikh- und Hindutempel von Bamiyan ließ er unangetastet.

Kein Minister war für sein Amt qualifiziert, und in der Bürokratie war kaum mehr Sachverstand vorhanden, da Nichtpaschtunen entlassen und durch nichtqualifizierte Paschtunen ersetzt worden waren. Noch absurder wurde die Herrschaft, weil das führende Personal auch militärische Aufgaben zu übernehmen hatte und dazu vorübergehend abkommandiert wurde. Ständige Rochaden in den Führungspositionen und Entsendungen in andere Landesteile sollten verhindern, dass jemand eine lokale Machtbasis aufbauen konnte. Geöffnet hatten die Behörden nur vier Stunden vormittags. Nach dem Mittagsgebet war eine lange Nachmittagsruhe angesagt.[4] In Kabul setzten die Taliban zudem eine *Shura* allein für die Belange der Stadt ein; keines ihrer sechs Mitglieder stammte aber aus der Hauptstadt. Die Taliban verhielten sich in Kabul rasch wie eine Besatzungsmacht.

Ein zweites nachgeordnetes Gremium war der ad hoc zusammengesetzte Militärrat. Er traf keine strategischen Entscheidungen und nahm auch keine Ernennungen vor, sondern plante lediglich die operativen militärischen Aufgaben. Eine klar strukturierte Hierarchie war bei der Armee nicht zu erkennen. Die lokalen Kommandeure waren verpflichtet, in ihrer Region Soldaten zu rekrutieren und sie zu bezahlen; die Gelder dazu stellte ihnen der Militärrat bereit. Die Einheiten ähnelten mehr den *Lashkar* genannten Milizen der Stämme als der Kompanie einer modernen Armee. Die reguläre Armee der Taliban umfasste bis zu 30 000 Soldaten, von denen ein Drittel religiöse Schulen besuchte. Bei Bedarf konnten rasch weitere Religionsschüler mobilisiert werden.[5]

Mit ihrem »Islamischen Emirat Afghanistan« strebten die Taliban eine konservative Revolution an. Sie sollte die Modernisierung und Säkularisierung des 20. Jahrhunderts ungeschehen machen und zur vormodernen patriarchalen Ordnung zurückführen, die angeblich das Wesen Afghanistans verkörpere. Als deren Gegenpol sahen die Taliban die moralische Verderbtheit und den Sittenverfall ihrer Zeit, für die sie die »kommunistische Herrschaft« der Städter verantwortlich machten. Zum Sittenverfall gehöre, dass Frauen Schulen besuchten und arbeiteten. Für die Taliban war klar, dass eine solche Welt die Wurzel für die Anarchie des Bürgerkriegs sein musste.

Und so machten sie sich daran, die verlorene Ordnung wiederherzustellen und den Normen der paschtunischen Vergangenheit wieder Geltung zu verschaffen. Das hieß konkret, dass die Taliban das individuelle Verhalten regulieren und den öffentlichen Raum reglementieren mussten. Den privaten Raum tasteten die Taliban, im Gegensatz zu totalitären Bewegungen, hingegen nicht an; dort darf der Patriarch nach Gutdünken herrschen.[6]

Über das »Radio Scharia«, das frühere Radio Kabul, verbreiteten die Taliban Erlasse mit dem Ziel, die »Unordnung« im öffentlichen Raum zu beseitigen und neue Normen zu etablieren. Ein Erlass verbot den Frauen, außerhalb des Hauses zu arbeiten. Damit legten die Taliban den Schulbetrieb still, denn es waren überwiegend Frauen, die unterrichtet hatten. Kriegswitwen mussten jetzt betteln, obwohl sie ihr Haus eigentlich gar nicht hätten verlassen dürfen. Alle Frauen waren gezwungen, den Ganzkörperschleier der Burka zu tragen, weil nach Ansicht der Taliban das weibliche Gesicht eine Quelle der Verführung für nichtverwandte Männer sei. Frauen, die in internationalen Hilfsorganisationen arbeiteten, mussten von einem männlichen Verwandten begleitet werden.

Männer bekamen sechs Wochen Zeit, sich einen Vollbart wachsen zu lassen. Die traditionelle Pluderhose *Schalwar* hatten sie knöchellang zu tragen. Fußball, Drachenfliegen und Schach waren verboten. Bei erlaubten Sportveranstaltungen durften die Zuschauer nicht klatschen und nicht jubeln, vielmehr mussten sie »Allahu akbar« rufen. Verboten waren Kino und Fernsehen, Musik und Tanzen. Stattdessen sollte jene, die sich in der Öffentlichkeit aufhalten durften, in Parks gehen und mittels der Blumen das Wesen des Islams verstehen. Verboten waren gleichfalls Papiersäcke, weil sie aus Altpapier hergestellt werden, auf dem ein religiöser Text gestanden haben könnte.[7]

Das Bildungssystem kollabierte. In Kabul schlossen 63 Schulen, die von 103 000 Schülerinnen und 148 000 Schülern besucht worden waren. Landesweit ging noch eines von zehn Mädchen zur Schule, bei den Jungen war es jeder dritte. Geschlossen wurde auch die Universität Kabul, an der 4000 Frauen studiert hatten. Fernsehgeräte wurden öffentlich zerstört.[8]

Den Taliban standen zwei Instrumente zur Verfügung, um diese Erlasse durchzusetzen: die Gerichte und die Sittenpolizei. Einen erheblichen Teil ihrer anfänglichen Popularität hatten sie den Gerichten zu verdanken, die in den Jahren der Rechtsunsicherheit des Bürgerkriegs unparteiische und meist als gerecht empfundene Urteile sprachen und diese auch durchsetzten. Die behandelten Fälle betrafen meist Besitzkonflikte, Handelsfragen und Familienstreitigkeiten.

In Kandahar setzten die Taliban ein Oberstes Islamisches Gericht ein. Es knüpfte an ein Gericht an, das während des Kriegs gegründet worden war und in der Bevölkerung hohes Ansehen genoss. Sein vorsitzender Richter Maulvi Said Mohammad Pasanai wurde denn auch der oberste Richter des Emirats. Während des Kriegs gegen die Sowjetarmee hatte er Mullah Omar in Fragen des islamischen Rechts unterwiesen und war einer von dessen einflussreichsten Beratern geworden. Das Oberste Islamische Gericht war mit Religionsgelehrten besetzt; ein Ableger wurde in jeder Provinz eingerichtet. In Kabul gab es zwar ein zweites Oberstes Gericht, das aber nicht mit denselben Vollmachten wie jenes in Kandahar ausgestattet war. Einmal im Jahr oder auch häufiger wurden die Richter aller Gerichte nach Kandahar einberufen, wo sie auf Linie gebracht wurden.[9]

Gefürchtet war die Sittenpolizei. Junge, fanatische Männer, meist Absolventen von Koranschulen, setzten auf den Straßen mit langen Stöcken, Peitschen und Kalaschnikoffs die Erlasse gnadenlos durch. Sie waren auch wichtige Spitzel, die ihre Beobachtungen an ihre Vorgesetzten weitertrugen. Die Strafen waren drakonisch. Ehebruch wurde mit Steinigung bestraft, Homosexualität, indem Verurteilte von einer umfallenden Mauer erschlagen wurden. Amputationen der Gliedmaßen von Dieben und das Auspeitschen wurden öffentlich vollzogen.[10]

Ein Gefühl der Zusammengehörigkeit einte die Taliban. Sie waren eine paschtunische Bewegung aus dem Süden Afghanistans, und viele von ihnen, die seit dem Beginn des Widerstands gegen die kommunistische Herrschaft in den 1970er-Jahren als paschtunische Afghanen geboren worden waren, waren als Flüchtlinge in Lagern aufgewachsen. Diese lagen jenseits der Grenze in Pakistan entweder in den »Stammesgebieten unter Bundesverwaltung« (FATA), in der »Nordwestlichen Grenzprovinz« (NWFP) oder in Belutschistan. Die Briten hatten die FATA 1901 als Niemandsland zwischen Britisch-Indien und Afghanistan geschaffen. Als Pakistan 1947 unabhängig wurde, galten in den FATA, in denen heute 4,5 Millionen Paschtunen leben, zunächst weder die Verfassung noch die Gesetze Pakistans. Die lokalen Stämme haben einen Teil ihrer Autonomie und ihrer Privilegien bis in die Gegenwart verteidigt. In diesem teils nur schwer zugänglichen Bergland mit seiner durchlässigen Grenze zu Afghanistan entstanden die Flüchtlingslager. In den Stammesgebieten hatte die pakistanische Armee zudem früh Lager für Kämpfer eingerichtet, die für Einsätze in Kaschmir und Afghanistan militärisch ausgebildet wurden.[11]

Während sich die Angehörigen der afghanischen Mittelschicht in größere pakistanische Städte absetzten, blieben für Millionen Angehörige der sehr breiten und mittellosen Unterschicht lediglich diese Flüchtlingslager. Pakistanische Islamisten und afghanische Mullahs hatten sehr früh begonnen, in ihnen islamische Schulen einzurichten. Sie waren in der Regel der einzige Ort, an dem die Kinder, die nicht selten Waisen waren, eine Ausbildung erhalten konnten, zumal eine kostenlose. In ihnen lernten die entwurzelten Kriegskinder als leuchtenden Gegensatz zu ihrem tristen Dasein die ideale Welt der Frühzeit des Islams zu Zeiten des Propheten kennen.

Millionen junger Afghanen durchliefen diese *Madrasas*, und sie wohnten auch teilweise in ihnen. Für Waisen wurden die Schulen zu Ersatzfamilien. Die jungen Afghanen wuchsen in einem fremden Land fern der Stammestraditionen ihrer Vorfahren auf, und dennoch war der Krieg allgegenwärtig. Frauen lebten kaum in ihrem Umfeld, es war fast ausschließlich männlich. Ein Gefühl der Zusammengehörigkeit entstand, die jungen Koranschüler erlebten die Solidarität männlicher Bruderschaften, und von Jahr zu Jahr wurden die Netzwerke dichter.[12] Darauf konnten die Taliban jederzeit zurückgreifen. Wurden vor Offensiven Koranschüler mobilisiert, wurden diese meist als Kanonenfutter an die Front geschickt.

Diejenigen Taliban, die im Exil aufgewachsen waren, profitierten davon, dass in Afghanistan die gesellschaftliche Ordnung kollabiert war. Die korrupten Führer der Mudschahedin waren diskreditiert, weil sie mit ihrer Unwilligkeit und Unfähigkeit, Kompromisse einzugehen, das Land noch weiter zerstört hatten. Die Stammesgesellschaft hatte ihren Zusammenhalt verloren, sodass die traditionellen Stammesführer ihre Autorität einbüßten. Keine Stimme im politischen Prozess hatten die aus den Großstädten geflohenen Intellektuellen und Technokraten. Als der Kollaps der alten Ordnung auch die Hierarchien mit sich riss, verloren die klassischen Religionsgelehrten ebenfalls ihre Funktion.

Und so übernahmen die Taliban, die aus den Dörfern der konservativsten und rückständigsten Region Afghanistans stammten, das Land. Ihr südafghanisches Dorf wurde zum Modell für ganz Afghanistan. Der halbgebildete Dorfmullah trat an die Stelle des klassischen Religionsgelehrten, des säkularen Richters, des städtischen Technokraten und des professionellen Politikers. Die Paschtunen aus Kandahar stülpten ihr vormodernes Weltbild ganz Afghanistan über. In dem Dorf, in dem Mullah Omar wirkte, hatte deswegen nie ein Mädchen eine Schule besucht, weil es dort nie Schulen gegeben hatte. In Herat hingegen hatte die Bildung von Frauen eine lange Tradition. Afghanistan ist ethnisch und in der religiösen Praxis sehr heterogen. Die

Taliban wollten in ihrem »Islamischen Emirat Afghanistan« diese Vielfalt jedoch abschaffen.

Sie hatten das Land in einem wirtschaftlichen Notstand übernommen, den sie mit ihrer unfassbaren Inkompetenz dramatisch verschärften. Auch in den Städten gab es nun kaum mehr fließendes Wasser und Elektrizität, die Infrastruktur und das Telefonnetz verfielen, Kapital für Investitionen war nicht vorhanden. Nahrungsmittel wurden aus Pakistan und Iran geschmuggelt, aber nur wenige konnten sich die Preise leisten. Mehr als die Hälfte der in Kabul verbliebenen 1,2 Millionen Einwohner war auf Lebensmittelhilfen westlicher Organisationen angewiesen. So sehr viele Afghanen nach 1994 die Herrschaft der Taliban zunächst begrüßt hatten, so sehr waren diese nun verhasst, weil sie nichts taten, um das Leid der Zivilbevölkerung zu mildern. Stattdessen trösteten sie die Menschen mit der Aussicht, Allah werde sich um sie kümmern.

Von Kandahar aus regierten Dorfmullahs über das ganze Land. Auf Fachleute wollten und konnten sie nicht zurückgreifen. Auch der Finanzminister und seine Stellvertreter waren Dorfmullahs. 1997 erstellten sie einen Staatshaushalt von umgerechnet 100 000 Dollar, der Zahlungen für Gehälter, aber keine Investitionen enthielt. Einige Jahre konnte sich das Emirat nur dank des Anbaus von Schlafmohn und des Exports von Opium über Wasser halten. Die Taliban besteuerten den Anbau und den Handel von Schlafmohn, zudem erhoben sie eine Gebühr auf den Export von Heroin, der 1998 den Wert von 3 Milliarden Dollar erreichte. Davon konnten sie Gehälter, Waffen und ihr Militär finanzieren. Über das islamische Verbot, Drogen anzubauen, mit ihnen zu handeln und sie zu konsumieren, setzten sie sich mit dem Argument hinweg, dieses Verbot gelte nicht, wenn die Drogen für die Ungläubigen bestimmt seien. Die Taliban hatten zwar ein islamisches Emirat nach ihrem Muster geschaffen, nicht jedoch einen funktionierenden Staat.[13]

Die Ideologie: *Paschtunwali* und Deobandismus

Der lange Krieg, den die Afghanen erst gegen die sowjetischen Besatzer und dann gegeneinander führten, zerstörte das Land nicht nur physisch – er hat auch die Menschen verrohen lassen. Die Massaker der Afghanen untereinander sind in der Geschichte beispiellos. Dabei hatte der Islam die in Afghanistan lebenden Völker länger als tausend Jahre geeint und dennoch eine Vielfalt ermöglicht. Diese über Jahrhunderte gewachsene Kultur der Toleranz war nun aber ausgelöscht. Unter den Taliban, die als puritanische Reformbewegung begonnen hatten, erreichte die Missachtung der anderen einen neuen Höhepunkt. Sie erkannten keinen anderen Islam mehr an als denjenigen, den sie selbst praktizierten, und sie duldeten keinen Widerspruch.

Die Ideologie der Taliban entwickelte sich über drei Generationen. Die Gründer, die überwiegend vor 1965 geboren wurden, waren noch stark von der paschtunischen Dorfkultur und dem traditionellen Islam in Südafghanistan geprägt. Die zweite Generation, die in den Flüchtlingslagern in Pakistan aufwuchs, besuchte dort islamische Schulen, die von der radikalen Deoband-Bewegung beeinflusst waren. In der dritten, derzeitigen Generation gibt es schließlich Vertreter, die die Taliban politikfähig machen wollen und sich dabei am politischen Islam orientieren.

Ausgangspunkt der Taliban war das paschtunische Dorf, das bis in die 1970er-Jahre ein nach innen gekehrtes Eigenleben geführt hatte. Der Staat war weit weg, und er war unbeliebt. Geduldet wurde er nur, wenn er als Außenstehender lokale Konflikte schlichtete. Würde der Staat aber ein Gewaltmonopol durchsetzen wollen oder sich gar in das dörfliche Leben einmischen, müsste er mit erheblichem Widerstand rechnen, denn die Stämme wollten ihre Autonomie bewahren.

Mittelpunkt eines jeden Dorfs war die Moschee mit der *Hudschra* (das arabische Wort bedeutet »Zimmer« beziehungsweise »Raum«), der Dorfschule. Der *Mullah* war der Lehrer, seine Schüler waren die *Taliban*. Die armen Familien schickten lediglich den ältesten Sohn in die Schule, die anderen wurden auf dem Feld gebraucht. Der Unterricht war nicht formalisiert, es gab kein Curriculum und keine Zeugnisse. Mädchen besuchten grundsätzlich keine Schule. Als die kommunistische Regierung 1979 den Unterricht für sie einführen wollte, verhinderte das im Süden Afghanistans die Dorfbevölkerung.

Hatte ein Dorfmullah einen Schüler lange unterwiesen – das konnte zehn Jahre dauern –, band er ihm einen Turban. Nun durfte der Schüler in der *Hudschra* eines anderen Dorfes selbst unterrichten. Einige Schüler lernten zudem bei umherwandernden einfachen Gelehrten oder Sufi-Scheichs. Der mystische, also Sufi-Islam war mit seinen Riten tief im Dorfleben verankert. Auch Mullah Omar hatte in seiner Jugend jede Woche den Schrein eines Sufi-Heiligen besucht.

Der traditionelle Islam des paschtunischen Dorfes war eklektisch und von der islamischen Orthodoxie weit entfernt. Das Wissen über den Islam, das sich ein Schüler angeeignet hatte, stellte er mit seinem Äußeren unter Beweis, mit seiner Kleidung, dem Bart und dem Nacheifern des Lebensstils des Propheten, mit der *korrekten* Verrichtung des rituellen Gebets und aller anderen Vorschriften. Dem liegt die Annahme zugrunde, dass zunächst ein Wissen für Äußerlichkeiten dieser Art vermittelt werden müsse, damit überhaupt ein Raum entstehen könne, in dem der Glaube möglich werde. Als die Taliban später die Herrschaft übernahmen, gingen sie nach diesem Muster vor, denn sie versuchten, durch Regeln ein islamisches Leben zu erzwingen und durch soziale Kontrolle eine wahrhaft »islamische Gemeinschaft« herbeizuführen.

Die Dorfwelt, die von solchen islamischen Äußerlichkeiten geprägt war, unterschied sich vom Leben in der Stadt. Waren dort Frauen in der Öffentlichkeit präsent und Vergnügungen wie Musik gängig, galt im Dorf solcherlei als unmoralisch. Einen Gegensatz bildeten auch die religiösen Bildungsstätten. In den *Hudschras*, in denen die Dorfjugendlichen Männerbünde fürs Leben schlossen, die ihnen Halt gaben, wurde bestenfalls ein religiöses Halbwissen vermittelt. In diesem Umfeld wurden aber die meisten frühen Taliban sozialisiert. Ihnen gegenüber standen in den großen Städten die staatlichen Religionsschulen, die *Madrasas*, die ab der zweiten Hälfte des 19. Jahrhunderts gegründet worden waren. Sie bildeten die Schüler zu Religionsgelehrten aus.

Die Hälfte der 144 Personen, die als Führungskader der ersten Generation der Taliban identifiziert werden, hat – wie Mullah Omar – allerdings lediglich eine dörfliche *Hudschra* besucht. 25 Prozent absolvierten eine reguläre *Madrasa* in Pakistan; sie wurden Richter am Obersten Islamischen Gericht und Mitglieder der *Shura* der Religionsgelehrten. Weitere 8 Prozent sind Absolventen einer *Madrasa* in Afghanistan.[14]

Der Islam prägte also das dörfliche Leben im Süden Afghanistans. Er regelte den Alltag, und die Scharia war eine wichtige Grundlage, um dem Leben eine Struktur zu geben und Konflikte einvernehmlich beizulegen. Die zweite wichtige Grundlage für das dörfliche Zusammenleben war (und ist) der paschtunische Ehren- und Wertekodex, *Paschtunwali*.[15] Der Legende nach führen sich die Paschtunen auf einen gemeinsamen Vorfahren zurück, den Prophetengenossen, *Sahabi*, Qais. Daraus leiten sie die Verpflichtung ab, füreinander einzustehen. Wie diese Verpflichtung aussieht, regelt der *Paschtunwali* genannte, ungeschriebene Kodex.

Für die Zugehörigkeit zu den Paschtunen ist weniger wichtig, Paschto zu sprechen, als Paschto zu leben. Während der Islam die Zugehörigkeit der Paschtunen zur *Umma*, der Gemeinschaft der Muslime, regelt, stellt der Kodex des *Paschtunwali* den Zusammenhalt der Paschtunen her. Er wird in erster Linie gebraucht, um die Kohäsion der Paschtunen zu stärken und um Konflikte beizulegen, sodass nicht der Staat von außen intervenieren muss. Dabei steht nicht die Bestrafung eines Delinquenten im Vordergrund, sondern die Unantastbarkeit der paschtunischen Ordnung.[16]

Im Mittelpunkt des Kodex stehen fünf Eigenschaften, die es zu bewahren gilt.[17] Zentral ist der Begriff *Nang*, der auch synonym für *Paschtunwali* überhaupt verwendet wird. *Nang* bedeutet Ehre, Würde, Mut und Tapferkeit, auch Schande, Scham und Schutz. Er beinhaltet den Dienst an der Gemeinschaft sowie den Schutz der Familie, des Stamms, generell der Heimat. Der Begriff *Namus* konkretisiert den Ehrbegriff. Er fordert dazu auf, die Keuschheit und die Würde zu verteidigen. *Namus* sind die Frau und die Erde, denn beide sind fruchtbar und müssen daher beschützt werden.

Tura fordert den einzelnen Mann, der nach paschtunischer Auffassung ständigen Bedrohungen ausgesetzt ist, auf, sich heldenhaft zu verteidigen. *Badal* bedeutet Vergeltung durch Blutrache; sie soll die Solidarität des Einzelnen mit der Gemeinschaft sicherstellen. Wer sich dem verweigert, schließt sich selbst aus dieser Gemeinschaft aus. *Melmastia* schließlich ist die Gastfreundschaft, die jeder ehrenhafte Paschtune gegenüber jedem, auch einem Feind, ohne Gegenleistung zu gewähren hat. Das schließt das sichere Geleit innerhalb des eigenen Territoriums ein.

Die Ordnung des *Paschtunwali* schafft eine patriarchale Welt. Frauen kommen darin bestenfalls als rechtlose Objekte vor, und ein Mann ist nur dann ehrenhaft, wenn seine Frau tugendhaft ist. Die Sicherstellung der Tugend ist der Sinn der Wegschließung (*purdah*) der Frau. Das kann durch einen Schleier, einen Vorhang oder eine räumliche Segregation geschehen, was in der Stadt die Regel ist, nicht aber auf dem Land, wo die Frau als Arbeitskraft auf dem Feld gebraucht wird, sie aber gewohnheitsmäßig den Schleier oder die Burka trägt.

Das Rechtssystem des *Paschtunwali* besteht parallel zum islamischen und dem staatlichen Recht, ist jedoch restriktiver und viel rigoroser als beide. Das äußert sich insbesondere in einer Benachteiligung und Entmündigung der Frau. Der Kodex verstößt zwar erheblich gegen die Bestimmungen im Islam, dennoch wird im Zweifelsfall er angewandt und nicht die Scharia. Die Paschtunen begründen diesen Vorrang damit, dass ihr Ahnherr zu den ersten Muslimen gehört haben soll und damit Paschtunen automatisch gute Muslime seien.[18]

Der Kodex regelt, dass die Väter alleine über Eheschließungen verhandeln, unabhängig von der Ehemündigkeit der Betroffenen. Er ignoriert die Bedingungen, die der Islam an eine Eheschließung stellt. Während im Islam die Brautgabe der finanziellen Absicherung der Frau dient und an sie geht, steht sie bei den Paschtunen dem Vater der Braut zu. Ein weiterer Konfliktfall ist das Erbrecht. In der Scharia ist die Frau ausdrücklich erbberechtigt. Sie soll die Hälfte dessen bekommen, was einem Bruder gebührt. Im patriarchalischen *Paschtunwali* erbt sie aber grundsätzlich nichts, vor allem darf sie kein Land erben. Generell gilt: Das paschtunische Gewohnheitsrecht behandelt die Frau schlechter als im Islam, und es stellt vorislamische Verhältnisse wieder her.

Von diesem traditionellen paschtunischen Wertekodex und dem dörflichen Islam war die Welt geprägt, in der die ersten Taliban aufwuchsen. Sie war rückständig und in jedem Maße reaktionär. Als die kommunistische Regierung und die sowjetischen Besatzer sie ab 1979 bedrohten, wurde es zur Pflicht, sie zu beschützen. Anders als die Salafisten, die die Tradition als eine Entstellung der Lebensweise des Propheten ablehnen, sind die Taliban jedoch davon überzeugt, dass ihre paschtunische Tradition aus Kandahar genau diese Lebensweise in der Frühzeit des Islams wiedergibt und dass sie deswegen auch wiederhergestellt werden müsse.

Die Taliban verließen deswegen ihre *Hudschras* und beteiligten sich am Widerstand. Nominell schlossen sie sich den Mudschahedin an, bildeten in deren Formationen aber eigene Einheiten. Als sie den Kampf aufnahmen, wurde die Scharia eher zu ihrer Richtschnur als der Kodex des *Paschtunwali*. Sie richteten eigene Scharia-Gerichte ein, um dem Verfall der alten Welt Einhalt zu gebieten. In den 1980er-Jahren gab es in der Provinz Kandahar bereits mehrere Dutzend dieser Gerichte. Sie verboten beispielsweise Musik und Drogengenuss, sie bekämpften die Kriminalität und gewannen zunehmend an Ansehen.[19]

Weit weg war der Islam, wie er in der arabischen Welt gelebt wurde. Im Leben der Afghanen spielte er auch keine Rolle. Hingegen wurde, wenn auch nur in Ansätzen, eine islamische Denkschule rezipiert, die im 19. Jahrhundert in der nordindischen Stadt Deoband ihren Anfang genommen hatte. Prägend sollte dieser Deobandismus erst für die zweite Generation der Taliban werden. Mit dem Gedankengut aus Deoband kamen sie in den pakistanischen Flüchtlingslagern in Berührung, weil die dortigen islamischen Schulen stark vom Deobandismus beeinflusst waren. So lernten sie einen Islam kennen, der mit dem Gewohnheitsrecht des *Paschtunwali* nichts mehr zu tun hatte und der sich auch von ihrem traditionellen dörflichen Islam stark unterschied.

Entstanden war die Bewegung von Deoband, als in Indien 1858 das Mogulreich untergegangen und das britisch-indische Kolonialreich an seine Stelle getreten war.

Indische Muslime fürchteten nun, das anglo-muslimische Recht, das eine Auslegung des islamischen Rechts durch britische Richter vorsah, werde den islamischen Richtern die Hoheit über das islamische Recht entziehen. Die Kolonialmacht schien gewonnen zu haben.

Dagegen formierte sich Widerstand. Islamische Religionsgelehrte um Mohammad Qasim Nanautawi gründeten eine Reformbewegung, die zweierlei bezweckte: Sie wollte zum einen die Rückkehr zu den Grundlagen des islamischen Glaubens ermöglichen, indem sie die heiligen Texte wörtlich auslegte, was jedoch dem Fundamentalismus Auftrieb verlieh. Zum anderen wollte sie ein modernes Bildungssystem schaffen, das sich nicht auf religiöse Bildung beschränkte. Die Schüler sollten befähigt werden, in der Moderne zu leben und sich der Gegenwart zu stellen.[20]

Die Reformer sahen den Schlüssel ihres Bemühens in der Bildung. Sie sollte die Auslegung der klassischen Texte des Islams mit der Realität des modernen Lebens in Einklang bringen. Ihre erste Schule dazu gründeten sie 1866 in der nordindischen Kleinstadt Deoband. Bis heute ist Deoband mit seiner islamischen Hochschule *Dar al-Ulum*, dem »Haus der Wissenschaften«, das Zentrum der Bewegung. Sie ist nach der Azhar in Kairo die zweite wichtige Hochschule im sunnitischen Islam.

Was als Reformbewegung begann, wurde jedoch zunehmend eine Denkschule für einen radikalen Islam, der die heiligen Texte restriktiver auslegte als andere Richtungen, beispielsweise im Hinblick auf die Rolle der Frau oder die Ablehnung des schiitischen Islams. Am 100. Jahrestag der Bewegung soll es 9000 *Madrasas* gegeben haben, die

die Lehren aus Deoband flächendeckend in Südasien verbreiteten. Ausländische Schüler, die an der *Dar al-Ulum* oder einer anderen dieser *Madrasas* studierten, brachten den Deoband-Islam in ihre Heimat zurück. In Afghanistan befand sich die wichtigste Schule, die sich auf die Lehren von Deoband berief, in der Provinz Ghazni.

Als 1947 Pakistan durch eine Abspaltung von Indien entstand, gründeten Anhänger der Bewegung in dem neuen islamischen Staat die »Vereinigung der islamischen Religionsgelehrten« (*Dschamiat Ulama-e Islam*, JUI). Sie wurde 1962 eine politische Partei, die erheblichen Einfluss auf die Politik Pakistans nehmen sollte. Seit 1980 ist Fazlur Rehman ihr Vorsitzender. Er gilt in der pakistanischen Politik als der wichtigste Fürsprecher der Taliban.

Auf seine Initiative wurden mit Spenden aus den arabischen Golfstaaten im paschtunischen Gürtel und in Belutschistan entlang der Grenze zu Afghanistan viele Hundert islamische Schulen gebaut. Die afghanischen Flüchtlingskinder lernten dort nicht mehr den traditionellen Islam ihrer Heimat kennen. Sie wurden von Lehrern, die oftmals keine ordentliche Bildung hatten (und daher auch die ursprüngliche Deoband-Reformagenda gar nicht mehr kannten), mit einem Islam indoktriniert, der sich zunehmend dem intoleranten wahhabitischen Islam Saudi-Arabiens annäherte. Die Schüler dieser Schulen wurden die zweite Generation der Taliban.[21]

Die Deoband-Schule lehnte Hierarchien ab, und so waren die Absolventen aus Deoband frei, selbst Ableger des Originals zu gründen, die jedoch zunehmend extremistischer wurden. Für Afghanistan am wichtigsten wurde die *Dar al-Ulum Haqqania.* Gegründet wurde sie 1947 von

Maulana Abdul Haq (1912 bis 1988) nahe Peschawar. Sie sollte später als die Universität des Dschihads Bekanntheit erlangen. Absolventen der Hochschule waren unter anderem Achtar Mansur, der von 2013 bis zu seinem Tod bei einem Drohnenangriff 2016 als Nachfolger von Mullah Omar an der Spitze der Taliban stand, ebenso der frühere Mudschahedinführer Yunus Khalis sowie der Gründer des Haqqani-Netzwerks, Dschalaluddin Haqqani, und sein Sohn Siradschuddin.

Nach Haqs Tod übernahm 1988 sein Sohn Samiul Haq (1937 bis 2018) die Leitung der Hochschule. Er war seit 1980 Vorsitzender der JUI-Partei und gehörte von 1985 bis 1997 dem pakistanischen Senat an. Wann immer die Taliban Kämpfer brauchten, schickte er seine Schüler an die Front. Als die Sowjets 1989 geschlagen nach Hause zurückkehrten, setzten viele Taliban ihre Studien an Schulen wie der *Dar al-Ulum Haqqania* fort.[22] Nicht zuletzt war Samiul Haq einer der wichtigsten Berater von Mullah Omar, dem er auch die Ehrendoktorwürde verlieh.

Der Islam, der an Orten wie diesen vermittelt wurde (und wird), hat mit dem traditionellen Islam aus Kandahar nicht mehr viel gemein. Hatten die Taliban, die in einem dörflichen Umfeld groß geworden waren, noch einen rückständigen und aus der Zeit gefallenen Islam gelebt, so waren und sind die Absolventen dieser Schulen dem Dschihad zugeneigt, wenn nicht verpflichtet.

Eines lernten die Taliban auf den Schulen der Deobandis jedoch nicht: wie man einen Staat führt. Unverändert waren sie von der Vorstellung besessen, dass die soziale Kontrolle und die Durchsetzung sozialer Normen eine tugendhafte Gesellschaft hervorbringen werde. Sie wussten wohl, wie die islamische Almosenabgabe *Zakat* einzutreiben ist. Sie wussten allerdings nicht, wie sie mit Steuern umgehen sollten, die aber Voraussetzung für die Finanzierung eines Staates sind. Die Sittenpolizei blieb damit letztlich das wirkungsvollste Instrument, um ihren Staat »Islamisches Emirat Afghanistan« durchzusetzen. Aus diesen Schwächen wollte die nächste Generation der Taliban lernen.[23]

Der Verbündete: Das Haqqani-Netzwerk

Die Haqqanis sind islamische Religionsgelehrte, aber noch mehr Warlords und Stützen der Taliban. Dschalaluddin Haqqani, der Vater, wurde 1939 in der afghanischen Provinz Paktia nahe der Grenze zu Pakistan geboren. Er gründete 1973 eine der ersten bewaffneten Einheiten der Mudschahedin, im ersten Emirat der Taliban war er Justizminister. Als er 2018 starb, folgte ihm sein um 1973 geborener Sohn Siradschuddin. Er übernahm die Leitung des Haqqani-Netzwerks, seit September 2021 dient er im zweiten Emirat der Taliban als Innenminister.

Nach Ansicht von Don Rassler und Vahid Brown, den führenden westlichen Experten zu diesem Netzwerk, kommt den Haqqanis ein bedeutender Anteil am militärischen Erfolg der Taliban zu. Maßgeblich trugen sie in den 1990er-Jahren zur Konsolidierung der Macht der Taliban bei. 1995 stellte Dschalaluddin Haqqani den Taliban 2000 Kämpfer aus seiner Heimatprovinz Paktia zur Verfügung. Er selbst kommandierte 1996 den Angriff auf Kabul und die Eroberung der Hauptstadt. Danach schlug er mit seinen Einheiten den Gegenangriff der Nordallianz unter Führung des Usbeken Raschid Dostum zurück. Ohne Haqqanis militärische Kompetenz hätten die Taliban 1996 Kabul mutmaßlich nicht erobert, schreiben Rassler und Brown. Darüber hinaus bildeten die Haqqanis Taliban aus, die bewaffnete Auseinandersetzungen mit der Nordallianz entschieden hätten.[24]

Das Netzwerk, das die Haqqanis in fast einem halben Jahrhundert aufgebaut haben, ist nicht in die Strukturen der Taliban integriert, sondern ein halbautonomer Bestandteil der Bewegung mit Beziehungen zum militärischen Geheimdienst Pakistans ISI und zu al-Qaida. Der Geheimdienst ISI hatte zwei Kanäle zu Mullah Omar, einmal direkt und einmal indirekt über das Haqqani-Netzwerk. Nicht ohne Wissen des ISI hatte sich zudem Bin Ladin in der pakistanischen Garnisonsstadt Abbottabad versteckt, wo ihn eine US-amerikanische Sondereinheit am 2. Mai 2011 tötete.

Rassler und Brown bezeichnen das Netzwerk darüber hinaus als den wichtigsten einzelnen Akteur für die Entwicklung und den Fortbestand von al-Qaida und des globalen Dschihads. Es sei »die Urquelle lokaler, regionaler und globaler Militanz« und die »Urquelle des Dschihads«, schreiben sie.[25]

Wann immer sich Bin Ladin mit seinen Botschaften an die internationalen Medien den Unmut Mullah Omars zugezogen hatte und wann immer dieser weitere derartige Auftritte verhindern wollte, konnte sich Bin Ladin in das Hauptquartier Haqqanis im Zhawar-Tal begeben, das wenige Kilometer jenseits der Grenze in Pakistan liegt, um von dort seine Erklärungen an die Welt abzugeben. Bin

Ladin hatte bereits dort gelebt, bevor ihn Mullah Omar zur besseren Kontrolle nach Kandahar holte. Ebenfalls im Zhawar-Tal hatte Bin Ladin am 23. Februar 1998 die Gründung von al-Qaida proklamiert und zur Tötung von US-amerikanischen Staatsbürgern aufgerufen.

Bin Ladin hatte Haqqani immer dann benutzt, wenn er Mullah Omar umgehen musste. Das Hauptquartier der Haqqanis in der pakistanischen Region Nord-Waziristan war ein Ort, an dem er sich sicher fühlte und an den Haqqani ihn und andere Führer der Terrororganisation nach dem Beginn der *Operation Enduring Freedom* im Oktober 2001 in Sicherheit brachte.[26]

Unter Haqqanis Schutz begannen sich dort auch die afghanischen Taliban neu zu formieren. Dazu trug die *Tehrik-e Taliban Pakistan* (TTP) bei, die eigenständige »Bewegung der pakistanischen Taliban«. Die TTP wurden 2007 als Reaktion auf die Operationen des pakistanischen Militärs und auf die US-amerikanischen Drohnenangriffe in den »Stammesgebieten unter Bundesverwaltung« (FATA) gegründet. Diese waren wiederum die Reaktion darauf gewesen, dass in diesen Gebieten die großen Terroranschläge der Jahre 2002 bis 2005 geplant und vorbereitet worden waren, etwa die in Bali, Madrid und London.[27]

Die afghanischen und die pakistanischen Taliban sind voneinander unabhängig, unterstützen sich jedoch gegenseitig. Zu den Widersprüchlichkeiten gehört, dass die TTP Anschläge gegen den pakistanischen Staat mit dem Ziel verübt, diesen durch eine rigide islamische Ordnung zu ersetzen, dass sie aber gleichzeitig lose am Haqqani-Netzwerk hängt, das mit dem pakistanischen Geheimdienst zusammenarbeitet. Als die Taliban nach ihrer Vertreibung aus Afghanistan ihr Hauptquartier von Kandahar über die Grenze nach Quetta verlegen mussten, konnten sie sich ebenfalls auf die Unterstützung durch Haqqani verlassen.[28]

Dschalaluddin Haqqani hatte 1973 als einer der ersten den bewaffneten Kampf gegen die Regierung von Mohammad Daoud aufgenommen, der in jenem Jahr durch einen Putsch gegen König Zahir Schah an die Macht gekommen war. Noch im selben Jahr rief er den Dschihad gegen die neue Regierung in Kabul aus und richtete Untergrundzellen in Kabul und Khost sowie in der pakistanischen Kleinstadt Miranschah ein. Als 1974 afghanische Widerstandskämpfer nach Peschawar übersiedelten, nahm er mit ihnen Kontakt auf. 1978 schickte er einen Kommilitonen aus der gemeinsamen Studienzeit an der *Dar al-Ulum Haqqania* nach Saudi-Arabien, um Spendengelder aufzutreiben.

1980 sagte er einer Zeitung aus Abu Dhabi, zu spenden entbinde einen Muslim nicht von der Pflicht des Dschihad. Er kam damit den Fatwas zuvor, die später zum Dschihad aufrufen sollten. Haqqanis Einheiten eroberten 1991 und 1992 die Städte Khost und Gardez und leiteten damit den Sturz des Regimes Nadschibullah ein. An den Kämpfen waren mehr nichtafghanische, vor allem arabische, Mudschahedin beteiligt als in jeder früheren Phase des Dschihad gegen die Sowjetarmee.[29]

Neben Haqqanis militärischer Schlagkraft machte die geographische Lage sein Netzwerk zu einem zentralen Akteur in Afghanistan. Sein Hauptquartier verlegte er früh in die gebirgige Grenzregion, die von der Durand-Linie in einen afghanischen und einen pakistanischen Teil getrennt wird. In Afghanistan sind die grenznahen Provinzen Khost, Paktia und Paktika die Heimat der Haqqanis. In

Pakistan liegt ihnen die Provinz Nord-Waziristan mit der Stadt Miranschah unmittelbar gegenüber; die Provinz gilt als die Hochburg der pakistanischen Taliban TTP und ist Teil der unruhigen FATA.

Sein Hauptquartier schlug Haqqani wenige Kilometer von der Grenze zu Khost entfernt im Zhawar-Tal auf. Dort plante er mit seinen Kommandeuren militärische Operationen, und dort traf er sich mit den Vertretern des pakistanischen Geheimdienstes, die ihn in der Kriegsführung berieten. Diese geographische Lage war zum ersten Mal ein strategischer Vorteil gewesen, als in den 1980er-Jahren ein Viertel der für die Mudschahedin bestimmten Waffen und Ausrüstungen über das Zhawar-Tal nach Afghanistan und dort nach Khost gelangte, von wo aus sie auf elf Routen weiter im Land verteilt wurden. Über Khost führte auch die wichtigste Route nach Kabul.[30]

Während Abdullah Azzam damals seine Anlaufstelle für »afghanische Araber« in Peschawar betrieb, ließ sich Bin Ladin 1985 im Zhawar-Tal nieder. Zu der Zeit bildete das Haqqani-Netzwerk bereits die ersten arabischen Freiwilligen für den Dschihad in Afghanistan aus. In Haqqanis Gebiet baute Bin Ladin Straßen, Waffenlager und Ausbildungsstätten. 1986 richtete er unmittelbar jenseits der Grenze in Afghanistan ein Trainingslager ein, das er zunächst *Ma'sadat al-Ansar* (»die Löwenaufzucht der Helfer«) nannte. Dieses Lager wurde später als *al-Qaida al-askariyya* (»die militärische Basis«) bekannt und in die militärische Infrastruktur der Haqqanis integriert. Weitere Ausbildungslager in der näheren Umgebung folgten.

Während Bin Ladin von 1989 bis 1995 in Saudi-Arabien und in Sudan lebte, sorgte das Haqqani-Netzwerk dafür, dass seine Infrastruktur intakt blieb und weiter betrieben wurde. Als er zurückkehrte, steuerte er selbstverständlich das Hauptquartier Haqqanis an, wo sich auch der Mudschahedinführer Yunus Khalis aufhielt.[31]

Wer sich Bin Ladin und seiner noch jungen Organisation al-Qaida anschloss, wurde automatisch Teil des Netzwerks der Haqqanis;[32] ihr Zentrum wurde das militärische Zentrum der Terrororganisation al-Qaida. Bin Ladin lud nun internationale Medien ein, die den Zustrom arabischer Dschihadisten vergrößerten. In den Lagern wurden auch Kämpfer ausgebildet, die der pakistanische Geheimdienst für Anschläge nach Kaschmir schickte.[33] Aufgrund der strategischen Lage entwickelte sich die Infrastruktur des Haqqani-Netzwerks zum Umschlagplatz für Dschihadisten aus vielen Ländern der islamischen Welt. Die Haqqanis gingen und gehen mit allen von ihnen taktische Allianzen ein.

Auf lokaler Ebene war Dschalaluddin Haqqani ein angesehener Streitschlichter, was seine führende Stellung bei den traditionellen Stämmen stärkte. Ebenfalls auf lokaler Ebene verhalf er den Taliban zu wichtigen Siegen. Die großen Selbstmordanschläge in Kabul, zu denen sich die Taliban bekannten (wie jener vom September 2007), wurden von Haqqanis Leuten ausgeführt. Die Haqqanis sorgten auch dafür, dass Stämme, die für die Taliban aufgrund des supratribalen Charakters ihrer Bewegung nur schwer erreichbar waren, sie dennoch unterstützten.[34]

Auf regionaler Ebene erhält das Netzwerk Unterstützung vom pakistanischen Geheimdienst ISI, der die Haqqanis seinerseits als Stellvertreter einsetzt, etwa im Konflikt um Kaschmir oder in Afghanistan, wo das Netzwerk im Auftrag Pakistans am 7. Juli 2008 einen Selbstmordanschlag gegen die indische Botschaft in Kabul verübte, bei dem 58 Menschen getötet wurden. Aus dem Haqqani-Netzwerk gingen mehrere regionale Terrorgruppen hervor, etwa die 1986 gegründete *Lashkar-e Taiba* (»Armee der Reinen«), die in Kaschmir agiert und mit dem »Islamischen Staat« zusammenarbeitet. Die globale Rolle schließlich ergibt sich aus der logistischen Bedeutung des Netzwerks für den transnationalen Terror.[35]

Das Netzwerk strebt weder in Afghanistan noch in Pakistan eine politische Rolle an. Vielmehr geben sich die Haqqanis mit der Autonomie in ihrem Herrschaftsgebiet zufrieden, ebenso mit ihrer Funktion als Bindeglied diverser militanter und dschihadistischer Organisationen – Taliban, TTP, al-Qaida und andere –, deren Schlagkraft sie erhöhen. Das Haqqani-Netzwerk ist damit unverändert eine Organisation, die den Fortbestand des dschihadistischen Terrors ermöglicht.[36]

5. DAS ENGAGEMENT DES WESTENS

Enduring Freedom: Der Sturz der Taliban und ihre Rückkehr

Die Terroranschläge vom 11. September 2001 waren ein Angriff auf die Vereinigten Staaten. 2996 Menschen kamen ums Leben und damit noch mehr als am 7. Dezember 1941 beim japanischen Überfall auf die Pazifikflotte, die in Pearl Harbor vor Anker lag. Damals wurden 2403 Menschen getötet, und die USA erklärten dem Kaiserreich Japan den Krieg. 2001 begannen die Vereinigten Staaten ihren »Krieg gegen den Terror«.

Am 12. September 2001 bekräftigte der UN-Sicherheitsrat in der Resolution 1368 einstimmig das Recht der Vereinigten Staaten auf Selbstverteidigung. Eine Woche später rief er die Taliban auf, Bin Ladin »sofort und bedingungslos« auszuliefern. Das hatte die US-amerikanische Regierung seit 1996 mehr als zwei Dutzend Mal gefordert. Am 15. September stellte US-Präsident George W. Bush dem pakistanischen Präsidenten Pervez Musharraf das Ultimatum, entweder für die Vereinigten Staaten zu sein oder gegen sie, woraufhin Pakistan von den Taliban abrückte und US-amerikanische Militäroperationen gegen Afghanistan unterstützte.

Die USA waren in der Lage, rasch zu handeln, weil sie

auf weltweite Militärpräsenz und eine gut ausgebaute militärische Infrastruktur zurückgreifen konnten und sich nicht mit Alliierten abstimmen mussten. Allein im Nahen Osten hatten sie zu diesem Zeitpunkt 15 000 Soldaten und zwei Flugzeugträger stationiert. Am 7. Oktober begann die *Operation Enduring Freedom.* Zunächst bombardierten 15 landgestützte Kampfflugzeuge und 25 Flugzeuge, die von Flugzeugträgern starteten, sowie fünfzig Tomahawk-Marschflugkörper Stellungen von al-Qaida und den Taliban. In den folgenden Tagen griffen ferner Langstreckenbomber B-1, die vom Atoll Diego Garcia im Indischen Ozean starteten, und Tarnkappenbomber B-2 aus dem Bundesstaat Missouri sowie die mit Rohrwaffen bestückten AC-130, die sogenannten fliegenden »Kanonenboote«, an.[1]

Mullah Omar, ein Veteran des Dschihad gegen die Sowjetarmee, hatte offenbar keine Vorstellung von der US-amerikanischen Hightechmilitärmacht. Mit Unterstützung aus der Luft rückte am Boden die Nordallianz Richtung Kabul vor. Ihr Vormarsch beschleunigte sich, als Kampfflugzeuge ab dem 21. Oktober auch Frontstellungen der Taliban bombardierten. Zwei erfahrene Mudschahedin, der Tadschike Ismail Khan in Herat und der Usbeke Raschid Dostum im Norden, hatten ihre Truppen wieder zusammengestellt. Außer dem bereits verstorbenen, legendären Ahmad Schah Massoud waren alle führenden Mudschahedin aus dem Krieg gegen die Sowjetarmee wieder an vorderster Front.

Die Taliban gaben Mazar-e Scharif am 8. November auf, Kabul am 12. November und am 20. November Kunduz. Dort hatten zahlreiche »arabische Afghanen« an ihrer Seite gekämpft, außerdem waren sie dort von Agenten des pakistanischen Militärgeheimdienstes ISI unterstützt worden. Die Agenten wurden mit einer US-amerikanischen Sondererlaubnis jedoch ausgeflogen, mutmaßlich waren auch führende Taliban mit an Bord.

In wenigen Wochen brachen der Staat und die Herrschaft der Taliban wie ein Kartenhaus zusammen. Am 5. Dezember gaben sie ihr Zentrum Kandahar auf. Die Taliban hatten 8000 bis 12000 Kämpfer verloren, weitere 7000 waren gefangen genommen worden. Geschlagen waren sie damit aber nicht. Ihre Führung hatte überlebt. Sie und andere Überlebende flohen zu Tausenden über die Grenze nach Pakistan und sollten bald damit beginnen, sich neu zu formieren. Mullah Omar soll sich auf einem Motorrad in ein Dorf abgesetzt haben.[2]

Am selben Tag, an dem die Taliban Kandahar aufgaben, endete auf dem Petersberg bei Bonn eine von den Vereinten Nationen eilends einberufene Konferenz, die den politischen Neubeginn Afghanistans einleiten und eine Übergangsregierung einsetzen sollte. Das von dem UN-Beauftragten für Afghanistan, Lakhdar Brahimi, vorbereitete Treffen begann am 25. November. Eingeladen waren Vertreter der Nordallianz und Anhänger des im Exil lebenden Königs Zahir sowie Afghanen, die auch für Pakistan und Iran sprachen, nicht jedoch Repräsentanten der Taliban. Die größte ethnische Gruppe, die Paschtunen, war unterrepräsentiert.

Am 5. Dezember einigte sich das Treffen auf Hamid Karzai als Übergangspräsidenten. Der hatte noch in den Wochen zuvor in Afghanistan unter den Paschtunen den Widerstand gegen die Taliban organisiert. In den 1990er-

Jahren hatte Karzai, ein Paschtune aus der Stammeskonföderation der Durrani, in Quetta gelebt und die Taliban unterstützt. Als sie 1999 seinen Vater Abdul Ahad Karzai ermordeten, wandte er sich gegen sie.[3]

Am 6. Dezember wurde das »Petersberger Abkommen« unterzeichnet. Es sah die Einsetzung einer breit gestützten, multiethnischen und repräsentativen Regierung vor sowie eine *Loya Dschirga*, die bis Juni 2002 eine Übergangsregierung wählen und Wahlen festsetzen sollte. Ein Friedensvertrag war das Abkommen nicht; die Unterlegenen waren nicht vertreten. Es enthielt weder Regelungen für eine Waffenruhe, noch sah es eine Demobilisierung der bewaffneten Einheiten vor. Jedoch ersuchte es die Staatengemeinschaft, die künftige Übergangsregierung zu schützen und ein sicheres Umfeld für den Wiederaufbau zu schaffen.

Der UN-Sicherheitsrat beschloss am 20. Dezember in der Resolution 1386 einstimmig, für die Dauer von zunächst sechs Monaten eine sogenannte »Internationale Sicherheitsunterstützungstruppe« (ISAF) aufzustellen. Die UN-Mitgliedsstaaten wurden aufgefordert, zu dieser Truppe beizutragen. Mehr als zwanzig Staaten beteiligten sich. Bereits am 22. Dezember übernahm die ISAF die Aufgabe, für die Sicherheit in Kabul und Umgebung zu sorgen. Von den zunächst 5000 Soldaten stellte die Bundeswehr 1200.

Parallel dazu bestand die *Operation Enduring Freedom* fort. Sie hatte zum Ziel, die Taliban und al-Qaida zu vernichten. Im Sommer 2003 übernahm die NATO die Führung der ISAF. Schrittweise wurde die *Operation Enduring Freedom* in die ISAF eingegliedert. Letztere wurde 2005 landesweit um *Provincial Reconstruction Teams* (PRT) erweitert, die die zivilen Wiederaufbauprojekte schützen sollten. Soldaten der Bundeswehr wurden in Kunduz und Faizabad stationiert.[4]

Am 29. Januar 2002 sprach US-Präsident George W. Bush erstmals von der »Achse des Bösen«. Er beschuldigte Nordkorea, Iran und den Irak, Terroristen zu unterstützen und nach Massenvernichtungswaffen zu streben. Der Fokus der US-Administration richtete sich auf den Irak. Die Vereinigten Staaten zogen Spezialkräfte aus Afghanistan ab, um sie für eine Invasion im Irak vorzubereiten, was die ISAF schwächte. Die Aufgaben der Spezialkräfte übernahmen nicht gut beleumundete Warlords. Ein weiterer Schatten fiel auf die US-amerikanische Präsenz in Afghanistan, als die USA ebenfalls im Januar auf dem Marinestützpunkt Guantánamo auf Kuba ein Internierungslager zunächst für Gefangene aus Afghanistan, dann auch aus anderen Ländern einrichteten. Die Haftbedingungen, die Verhörmethoden und die Anwendung von Folter in dem Lager lösten heftige internationale Kritik aus.

Bereits im April 2002 begannen die Vereinigten Staaten mit dem Abbau ihrer Militärpräsenz.[5] Je mehr sie sich dem Irak zuwandten, desto stärker wurde der Aufstand der Taliban. Mullah Omar hatte sich in der pakistanischen Stadt Quetta niedergelassen, wo er vier Kommandeure mit der Vorbereitung eines Aufstands beauftragte. Anfang 2003 verübten die Taliban in den grenznahen Provinzen Zabul und Helmand die ersten Anschläge. Ende 2004 berichteten die CIA und die NATO, dass der pakistanische Geheimdienst ein Trainingslager für die Taliban unterhalte, dass Pakistan dem Kauf von Waffen und Munition über

Dubai tatenlos zusehe und dass die Führung der Taliban von Quetta aus operiere. Aus der *Shura* von Kandahar war die *Shura* von Quetta geworden.[6]

Zu diesem Zeitpunkt zeigten sich bereits drei verhängnisvolle Unterlassungen. Erstens hatten die *Operation Enduring Freedom* und die ISAF lediglich die Vorgänge innerhalb Afghanistans im Blick. Dadurch hatten die Taliban und al-Qaida bis Ende 2001 nahezu unbehelligt ihren Massenexodus nach Pakistan abschließen können. Auch danach bewegten sie sich weiterhin frei über die durchlässige Grenze, die Afghanistan und Pakistan eher verbindet als trennt.

Zweitens ignorierten die in Afghanistan anwesenden Staaten, dass die Taliban, nachdem sie in ländlichen Gebieten wieder Fuß gefasst hatten, den Anbau von Schlafmohn erneut vorantrieben. Den Taliban brachte das Einnahmen und die Sympathie der lokalen Bevölkerung ein. Die neue und lukrative Drogenökonomie korrumpierte jedoch die neue Regierung in Kabul und den Sicherheitsapparat, und für viele Afghanen schuf sie eine einträgliche Alternative zum zivilen Wiederaufbau.

Drittens wurden die Erwartungen der Zivilbevölkerung bald enttäuscht, da der Wiederaufbau des zerstörten Landes nur zaghaft einsetzte. Ferner wandten sich die Paschtunen aus einem weiteren Grund den Taliban zu: Die US-Amerikaner verdächtigten sie pauschal, mit den Taliban zu sympathisieren. Zudem wuchs die Wut über die anhaltenden Bombardierungen.[7]

Trotz der ungünstigen Bedingungen kam der politische Prozess in Gang. Eine außerordentliche, vom früheren König Zahir Schah geleitete *Loya Dschirga*, an der auch Frauen teilnahmen, bestätigte im Juni 2002 Hamid Karzai als Präsidenten einer Übergangsregierung. Eine verfassungsgebende *Loya Dschirga* debattierte eine neue Verfassung, die am 4. Januar 2004 ohne Abstimmung verabschiedet wurde: Afghanistan war nun eine »Islamische Republik«. Die Verfassung enthielt demokratische Prinzipien und schrieb vor, dass die Gesetze im Einklang mit dem Islam stehen müssten.

Bei der ersten Präsidentenwahl setzte sich am 9. Oktober 2004 Hamid Karzai mit 55 Prozent gegen drei nichtpaschtunische Wettbewerber durch. Drei von vier wahlberechtigten Afghanen gaben ihre Stimme ab. Am 5. September 2005 schloss die erste freie Wahl eines Parlaments seit 1973 den Petersberger Prozess ab. Die Wahlbeteiligung betrug nur noch 53 Prozent, und es zeigte sich, dass der Sturz der Taliban das Land nicht stabilisierte. Außerhalb der Hauptstadt verfolgten die Warlords ihre Interessen, und die Korruption wurde bereits endemisch. Als sich daher am 1. Februar 2006 in London 51 Staaten und zehn internationale Organisationen auf eine Fortsetzung ihres Engagements in Afghanistan verständigten, verpflichteten sie sich, neben der Verbesserung der Sicherheit die Drogenökonomie zu bekämpfen, für eine gute Regierungsführung zu sorgen und die wirtschaftliche und gesellschaftliche Entwicklung voranzutreiben.[8]

Da waren die Taliban bereits für die nächste Runde ihres Aufstands gerüstet. Dschihadisten von al-Qaida aus dem Irak unterwiesen sie im Gebrauch neuer Waffen und von Sprengfallen (IED), brachten ihnen neue Taktiken wie Überfälle aus dem Hinterhalt bei und schulten sie im wirkungsvollen Umgang mit modernen Medien. Nun setzten die Taliban, die früher die Medien bekämpft hatten, Radio und Webseiten zur Verbreitung ihrer Propaganda ein.

Im Mai 2006 starteten sie mit 7000 Kämpfern in vier Provinzen eine große Offensive. Sie brannten 187 Schulen nieder, töteten 85 Lehrer und 600 Polizisten. Über 1000 Menschen starben 2006 bei 141 Anschlägen, von denen ein großer Teil von Selbstmordattentätern verübt wurde. 2004 waren es lediglich sechs Selbstmordanschläge gewesen. Zudem richteten die Taliban in den eroberten Regionen eigene Verwaltungen und Gerichte ein. Im April 2007 sagte der US-amerikanische General Karl Eikenberry, solange die Taliban sichere Rückzugsgebiete in Pakistan hätten, könne der Krieg nicht gewonnen werden.[9]

Die Bundeswehr erhielt im Rahmen ihres ISAF-Einsatzes nahezu jedes Jahr neue Aufgaben. Sie übernahm 2006 in Mazar-e Scharif das Regionalkommando Nord, 2007 wurden Tornados nach Afghanistan verlegt, Juni 2008 stellte sie für Kampfeinsätze eine schnelle Einsatztruppe für Nordafghanistan bereit. Die Zahl der Bundeswehrsoldaten stieg von 1200 auf 5350 im Jahr 2010.[10] Zu den bedeutenden Einsatzbereichen gehörte von April 2009 bis Dezember 2014 der militärische Schutz der *Provincial Reconstruction Teams* (PRT) in Kunduz. Erster Kommandeur der PRT Kunduz war Oberst Georg Klein.

2009 verschlechterte sich die Sicherheitslage. Von den 53 Soldaten der Bundeswehr, die in Afghanistan gefallen sind, wurden in jenem Jahr sieben getötet. Am 4. September ordnete Klein einen Luftangriff auf zwei von Taliban entführte Tanklastwagen an. Dabei starben – je nach Darstellung – zwischen dreißig und mehr als 100 Menschen, überwiegend Zivilisten. Davor hatte es Hinweise gegeben, dass die Tanklastwagen, wie zuvor bei anderen Selbstmordanschlägen, in Kunduz als rollende Bomben gegen die ISAF-Einheit verwendet werden sollten.

Geberkonferenzen in Tokio (2002), Berlin (2004), London (2006 und 2010), Kabul (2010) und Brüssel (2016) stellten für den zivilen Wiederaufbau Milliardenbeträge zur Verfügung. Über tausend Hilfs- und Entwicklungshilfeorganisationen waren im ganzen Land, jedoch vor allem in den großen Städten tätig. In den ländlichen Gebieten kam allerdings kaum Hilfe an. Beeinträchtigt wurde die Wirksamkeit der Hilfen auch dadurch, dass die notwendigen staatlichen und zivilgesellschaftlichen Strukturen fehlten. Die Afghanen waren auch deswegen zunehmend enttäuscht, weil sie große Wiederaufbauprojekte erwartet hatten, die Staatengemeinschaft sich aber vor allem vorgenommen hatte, die gesellschaftlichen Institutionen und die Regierungsführung zu verbessern.[11]

Als Präsident zeigte Hamid Karzai Stehvermögen, während seiner Amtszeit wurde Afghanistan aber zu einem der korruptesten Länder überhaupt. Beziehungen entschieden über die Vergabe von Posten, internationale Hilfsgelder versickerten. Qualifizierte Arbeitskräfte wanderten an internationale Organisationen ab, die die höchsten Gehälter zahlten. Warlords teilten das Land unter sich auf, und ihre Milizen wurden von den Vereinigten Staaten mit Waffen versorgt, mit denen sie, so der Auftrag, al-Qaida bekämpfen sollten.

Je schwächer die Regierung wurde und je schlechter sie regierte, desto mehr Sympathie gewannen die Taliban bei der Bevölkerung zurück. Sie fungierten als Sammelbecken der Unzufriedenen. »›Talib‹ zu sein wurde, im Unterschied zu den neunziger Jahren, zu einem Lifestyle, der sich unabhängig von ethnischen, religiösen oder sozialen Grenzen gegen jegliche Einmischung von außen richtete«, schreibt der Konfliktforscher und Afghanistan-Kenner Conrad Schetter.[12]

Die Voraussetzungen für die Rückkehr der Taliban verbesserten sich von Jahr zu Jahr. Dazu trug zum einen bei, dass die Vereinigten Staaten auf Kosten ihres Einsatzes im Irak ihr Engagement in Afghanistan vernachlässigten. Der Sturz von Saddam Hussein genoss klare Priorität. Zum anderen profitierten die Taliban davon, Pakistans strategischer Verbündeter zu sein. Pakistan ignorierte internationale Aufforderungen, gegen die Führung der Taliban in Quetta vorzugehen, und es schränkte auch nicht den Aktionsradius der Terrorgruppen in den »Stammesgebieten unter Bundesverwaltung« (FATA) ein.[13]

Vor der Präsidentenwahl am 20. August 2009 erhöhten die Taliban die Eskalationsstufe. Sie forderten zum Boykott der Wahl auf und verübten am Wahltag 400 Anschläge. Die Wahlbeteiligung fiel auf die Hälfte jener bei der Präsidentenwahl von 2004; die Wahl selbst wurde von massiven Unregelmäßigkeiten überschattet. Auf Karzai entfielen 44 Prozent der Stimmen, was eine Stichwahl am 7. November nötig machte. Sein Herausforderer Abdullah Abdullah zog sich jedoch zurück, da Karzai keine Zusagen für eine faire Wahl machte.[14] Bei der Parlamentswahl vom 18. September 2010 setzte sich der Niedergang der politischen Kultur fort. Wieder wurden die Wahlen manipuliert, und wieder drohten die Taliban den Wählern mit dem Tod. 14 Prozent der Wahllokale konnten aus Sicherheitsgründen gar nicht erst geöffnet werden.

Als die Vereinigten Staaten Kampftruppen aus dem Irak abzogen, stockten sie ihre Einheiten in Afghanistan wieder auf. Im August 2010 verließen die letzten Kampftruppen den Irak. Bereits im Februar 2009 hatte US-Präsident Barack Obama kurz nach seiner Vereidigung angekündigt, die US-Truppen in Afghanistan um 17500 Mann zu erhöhen. Die amerikanische Regierung nahm einen Strategiewechsel vor: Das neue Ziel war nun, den Taliban den gesellschaftlichen Boden durch die Strategie der *Counterinsurgency* (COIN) zu entziehen. Am 1. Dezember 2009 gab Obama bekannt, im Rahmen eines *surge*, einer Sprungwelle, weitere 30000 Soldaten zu entsenden. Damit belief sich die Zahl der in Afghanistan stationierten US-Soldaten auf 100000. Auch andere Staaten stockten ihre Kontingente auf. Zudem forderte Obama von Karzai, gegen die Korruption vorzugehen. Die afghanischen Sicherheitskräfte sollten so ausgebaut werden, dass nach 18 Monaten ein Rückzug beginnen könne.

Die afghanische Politik nutzte diese Chance nicht. Das zeigte sich bei der Präsidentenwahl von 2014. In der ersten Runde am 5. April erhielt kein Bewerber die absolute Mehrheit. Auf den Tadschiken Abdullah Abdullah entfielen 44,9 Prozent der Stimmen, auf den Ghilzai-Paschtunen Aschraf Ghani 31,5 Prozent. Das Ergebnis der Stichwahl vom 5. Juni wurde nicht bekannt gegeben. Abdullah legte Beweise für massive Wahlfälschungen vor. In einem Kompromiss einigten sich die beiden am 19. September: Ghani wurde Präsident und Abdullah Ministerpräsident. Die beiden blockierten sich in der Folge aber gegenseitig.[15]

Auch die Aufstockung der ISAF-Truppen konnte den Schwung des Aufstands der Taliban nicht bremsen. Die

Taliban griffen nun gezielt die Zivilbevölkerung an, und sie lieferten sich mit den ISAF-Truppen und den afghanischen Sicherheitskräften kriegsähnliche Gefechte. In den beteiligten Staaten nahm der Widerstand gegen das Engagement in Afghanistan zu. Am 31. Dezember 2014 endete die Mission der ISAF. Die Taliban nutzten dies für eine neue Welle der Gewalt und nahmen am 28. September 2015 sogar kurzzeitig Kunduz ein.

An die Stelle der ISAF war am 1. Januar 2015 die NATO-Mission *Resolute Support* getreten. Ihre Aufgabe bestand nur noch darin, die afghanischen Sicherheitskräfte auszubilden und sie zu unterstützen;[16] am 16. Juli 2021 endete auch sie. Teil der NATO-Mission war die US-amerikanische *Operation Freedom's Sentinel*, die wiederum anstelle der *Operation Enduring Freedom* den Krieg gegen den Terror fortsetzte: Ihre letzten Soldaten verließen Kabul in der Nacht auf den 30. August 2021. Die Taliban waren bereits am 15. August 2021 kampflos in die Stadt eingezogen.

Der Sommer 2021: Sieg der Taliban, Kollaps der Armee

US-Präsident Joe Biden hatte Monate zuvor, am 14. April 2021, bereits angekündigt, bis zum 11. September 2021 – dem zwanzigsten Jahrestag der Terroranschläge in New York und Washington – alle amerikanischen Truppen abzuziehen. Die wichtigsten Ziele des Einsatzes in Afghanistan seien erfüllt, Bin Ladin sei tot und al-Qaida geschwächt, so Biden. Daher sei es an der Zeit, den längsten Krieg in der Geschichte der Vereinigten Staaten zu beenden. Er sollte fünf Monate länger dauern als der in Vietnam. Am 8. Juli verlegte Biden das Ende des Abzugs auf den 31. August vor.

Sein Vorgänger Donald Trump hatte am 20. Februar 2020 in einem in Doha unterzeichneten Abkommen dem Abzug der US-amerikanischen Truppen auch ohne Zugeständnisse seitens der Taliban und ohne eine politische Lösung für Afghanistan zugestimmt. Jetzt aber erschütterte Bidens Ankündigung Afghanistan. Selbst wenn die Zeit nach der Unterzeichnung des Deals von Doha nicht ruhig gewesen war: Nun habe es keine Schonung mehr gegeben, schreiben die Afghanistan-Experten Kate Clark und Obaid Ali vom Afghanistan Analysts Network.[17]

Die Taliban störten die Abzugsvorbereitungen der ausländischen Truppen zwar nicht, sie intensivierten aber die Angriffe auf Afghanen, auf die Sicherheitskräfte ebenso wie auf Zivilisten. Die US-amerikanische Regierung hatte die Hoffnung auf einen Friedensschluss nicht aufgegeben, obwohl die Taliban Tag für Tag weitere Städte einnahmen und nicht den Eindruck machten, auf den amerikanischen Wunsch einzugehen. Nachdem in den Jahren zuvor Zehntausende afghanische Soldaten und Polizisten von den Taliban getötet worden waren, kollabierten nun die Sicherheitskräfte. Die Taliban überrannten das Land, ohne auf großen Widerstand zu stoßen.

Den Kampf habe die afghanische Regierung nicht in erster Linie wegen des Rückzugs der US-Streitkräfte verloren, sondern weil die anpassungsfähigere militärische Organisation der Taliban die afghanischen Streitkräfte ausmanövriert habe, meint der US-amerikanische Militärexperte Benjamin Jensen.[18] Die Taliban hätten sich in den vergangenen Jahrzehnten von einer Aufstandsbewegung, die lediglich geschickt aus dem Hinterhalt angegriffen und Sprengfallen gelegt habe, zu einer komplexen Organisation mit 80 000 Kämpfern unter Waffen entwickelt, die im Gebrauch der sozialen Medien geübter sei als im Einsatz mit dem Sturmgewehr AK-47.

Sie hätten gelernt, politische und strategische Ziele in taktisches Vorgehen auf dem Schlachtfeld umzusetzen. Kombiniert hätten sie eine Informationskriegsführung, die von Appellen der Stammesältesten bis zu Nachrichten auf Twitter gereicht habe, mit dezentralisierten Befehlen, die es den lokalen Kommandeuren erlaubt hätten, erkannte Chancen umgehend zu nutzen. Geländegewinne hätten die Taliban durch die rasche Mobilisierung von Reservisten, meist in der Form von Horden mit Motorrädern, konsolidiert. So hätten sie das Tempo auf dem Schlachtfeld aufrechterhalten, schreibt Jensen.

Nicht verändert habe sich über die Jahre das alles überragende Ziel der Taliban: wieder ganz Afghanistan zu kontrollieren und das Islamische Emirat wiederherzustellen. Jensen sieht vier Gründe, weshalb den Taliban das gelungen ist. Erstens schnitten sie in den 18 Monaten vor der Rückkehr nach Kabul afghanische Sicherheitskräfte von ihren Basen ab. Die Armeeführung hatte entschieden, sich außerhalb der großen Städte gegen die vorrückenden Taliban durch einzelne Kontrollpunkte und kleine Außenposten zu verteidigen. Die Taliban unterbrachen die Kommunikation zwischen den einzelnen Posten, schränkten deren Bewegungsfreiheit ein und verhinderten Verstärkungen. Da die Posten sehr verstreut lagen, konnten sie sich gegenseitig nicht mehr unterstützen. Die afghanische

Luftwaffe war aber damit überfordert, alle Punkte aus der Luft zu versorgen. In der Folge waren immer mehr Außenposten ohne Nahrung, Wasser und Munition, was die ohnehin geringe Moral der Truppen weiter aushöhlte.

Nachdem die Taliban Einheiten der Armee isoliert hatten, wandten sie in einem zweiten Schritt eine maßgeschneiderte psychologische Kriegsführung an, um die Moral der afghanischen Sicherheitskräfte und deren Zusammenhalt weiter zu unterminieren. Sie überfluteten die sozialen Medien mit Bildern, die die umzingelten Sicherheitskräfte vor die Wahl stellen sollten, aufzugeben und zu leben oder aber sich zu fragen, ob die Taliban nun ihre Familien töten würden. Sie setzten gefälschte Konten und Bots ein sowie Appelle von angesehenen Stammesführern, um die Soldaten zur Kapitulation zu bewegen. Gaben die Außenposten auf, erbeuteten sie die militärische Ausrüstung, und sie hatten frische Bilder für ihre Propaganda.

»Versetzen Sie sich in die Lage eines afghanischen Soldaten«, schreibt Jensen. »Sie befinden sich in einem Gefechtsaußenposten, Nahrung und Munition gehen aus, Sie kämpfen für eine unbeliebte Regierung und sind aufgrund der endemischen Korruption zur Zahlung von Bestechungsgeldern gezwungen. Wenn Sie auf Ihr Handy schauen, sehen Sie nur Bilder von Kameraden, die sich ergeben. Selbst wenn Sie sich für den Kampf entscheiden, Ihre Moral und Ihr Kampfwille wurden untergraben.«

Drittens beschädigten die Taliban mit Terror das Vertrauen in die Regierung weiter und verminderten die Kampffähigkeit der Sicherheitskräfte. In der Vergangenheit hatten sie Sprengfallen eingesetzt, um die Bevölkerung zu terrorisieren. In den zwei Jahren vor der Rückkehr nach Kabul aber schalteten sie mit gezielten Attentaten Politiker, bekannte Persönlichkeiten der Zivilgesellschaft und militärisches Personal aus. Das erwies sich als wirksamer, um die Legitimität der afghanischen Regierung zu unterminieren. Dieser Schattenkrieg verstärkte die Botschaft, die Regierung sei nicht in der Lage, für die Sicherheit Afghanistans zu sorgen. Zudem machten sie mit der Tötung von Piloten das Fehlen einer eigenen Luftabwehr wett: Indem sie Piloten der Luftwaffe in deren Häusern töteten, lösten sie eine Welle der Angst aus, sodass zahlreiche Piloten ihre Arbeit nicht mehr antraten.

Viertens kam den Taliban das Interesse des früheren US-Präsidenten Trump gelegen, der mit den Aufständischen einen Deal schließen wollte, um seine Truppen nach Hause holen zu können. Indem die Taliban durchsetzten, dass die Regierung von Präsident Aschraf Ghani nicht an den Gesprächen beteiligt wurde, untergruben sie deren Ansehen weiter. Zudem nutzten sie die Gespräche, um in deren Windschatten ihre Offensive fortzusetzen, gleichzeitig die Vereinigten Staaten aber zu hemmen, Ziele der Taliban anzugreifen. »Wenn es einen kritischen Wendepunkt in dem Konflikt gab, war es das unter Trump unterzeichnete Friedensabkommen«, schreibt Jensen. Ohne dieses hätten die Taliban Mühe gehabt, das afghanische Militär zu isolieren und die Bedingungen für den zügigen Vormarsch auf Kabul zu schaffen. Der Deal signalisierte zudem den regionalen Akteuren, sich auf das Ende der afghanischen Regierung einzustellen.

Wie sehr das am 20. Februar 2020 in Doha unterzeichnete Abkommen die Weichen für die Zukunft des Landes stellte, illustriert ein Gerücht, das sich seither in Afghanistan hartnäckig hält. Ihm zufolge versprachen die Vereinigten Staaten den Taliban in Doha, sie an die Macht zu bringen und die Regierung Ghani gegen sie auszutauschen. Die Taliban selbst verbreiteten dieses Gerücht über ihre Medien und setzten dazu auch Stammesälteste ein. Der Eindruck eines Verrats der USA an der Regierung Afghanistans wurde durch die Freilassung von 5000 Häftlingen der Taliban aus afghanischen Gefängnissen verstärkt. Die Vereinigten Staaten hatten dies in der Hoffnung veranlasst, von den Taliban Zugeständnisse zu bekommen, was nicht eintrat. Das ließ die Regierung schwach und ohne Einfluss auf die Ereignisse erscheinen. Immer mehr Soldaten erschienen nicht mehr zum Dienst, weil sie diesem Gerücht glaubten.[19]

Das Tempo des Kollapses der afghanischen Sicherheitskräfte überraschte dennoch, nachdem die NATO-Mitgliedsstaaten sie ja zwanzig Jahre lang ausgebildet und bewaffnet hatten. Allein die Vereinigten Staaten gaben dafür mehr als 80 Milliarden Dollar aus. David Petraeus, ISAF-Kommandeur vom 2. Juli 2010 bis zum 18. Juli 2011 in Kabul, macht aber im Gegensatz zu Jensen für den schnellen Zusammenbruch nicht die afghanischen Soldaten verantwortlich, sondern den verfrühten US-amerikanischen Abzug aus dem Land.[20]

Die Piloten seien sehr gut ausgebildet gewesen, sie hätten hart gearbeitet, sagte Petraeus in einem Interview. Zunehmend hätten sie aber feststellen müssen, dass der Nachschub ausgeblieben und ihnen niemand zu Hilfe geeilt sei, was einen psychologischen Kollaps ausgelöst habe. Entscheidend sei gewesen, dass die Vereinigten Staaten die beratenden und unterstützenden Einheiten abgezogen hatten, etwa jene, die im Hauptquartier der Streitkräfte die Bilder von Aufklärungsdrohnen auswerteten und daraus Empfehlungen ableiteten. Als weiteres Beispiel nennt er den Abzug der privaten Kontraktoren, die für Wartung zuständig waren, die Diagnosegeräte betrieben, die Logistik sicherstellten und Ersatzteile besorgten.

Die afghanischen Armeeangehörigen seien noch nicht in der Lage gewesen, solche Aufgaben selbst zu übernehmen, so Petraeus. Bereit wären sie jedoch gewesen, weiterhin für ihr Land zu kämpfen, hätten sie die Gewissheit gehabt, bei einer Kampfhandlung unterstützt zu werden, ob durch Nachschub, medizinische Betreuung oder eine Rettungsaktion. Schließlich seien 27 Mal mehr afghanische Soldaten getötet worden als US-amerikanische. Nirgends seien die Bedingungen, einen Aufstand zu bekämpfen, schwieriger als in Afghanistan, sagte Petraeus, der von 2003 bis 2008 auch im Irak eingesetzt war. Der Aufstand sei nämlich aus einem Drittland – Pakistan – geführt worden, und die Infrastruktur sei sehr schlecht. Amerika habe den Krieg in Afghanistan nicht verloren, sondern habe sich nur aus ihm zurückgezogen.

Der US-amerikanische Militäranalyst Anthony Cordesman macht ebenfalls weniger die afghanische Armee für den Kollaps verantwortlich als die amerikanische Politik und noch mehr das Versagen der afghanischen Führung selbst.[21] Auch er bezeichnet die Vereinbarung vom 20. Februar 2020 als einen Anreiz für die Taliban, eine landesweite Offensive zu beginnen. Zudem seien die militärischen und zivilen Hilfen in Afghanistan nie gut aufeinander abgestimmt worden. Der afghanischen Armee attestiert er, sie habe leistungsfähige Einheiten gehabt. Es seien aber zu wenige gewesen, und diese wenigen seien mit zu vielen Kampfaufgaben überlastet gewesen. Zudem sei die Rüstungstechnologie zu anspruchsvoll gewesen, sodass die Abhängigkeit von Kontraktoren zu groß geblieben sei.

Die größte Verantwortung für das Scheitern der zwei Jahrzehnte währenden Anstrengungen, seit dem Sturz der Taliban 2001 einen funktionsfähigen Staat aufzubauen, sieht Cordesman jedoch bei der afghanischen Führung. Wessen Scheitern ist also der Sieg der Taliban?

Wessen Scheitern?

Ist Afghanistan eine krachende Niederlage des Westens? Hat sich der Westen mit dem Ziel verhoben, Afghanistan zu demokratisieren und am Hindukusch ein funktionierendes Land nach westlichem Standard zu etablieren? Wäre solcherlei das Ziel gewesen, hätte der Westen in der Tat eine krachende Niederlage erlitten. Das war jedoch weder das Ziel, noch war der Westen in Afghanistan der bestimmende Akteur.[22]

Das vorrangige Ziel der US-amerikanischen Militärintervention *Enduring Freedom* bestand darin, al-Qaida zu zerstören und die Taliban, die die Terrororganisation beherbergt hatten, von der Macht zu vertreiben. Die Vereinigten Staaten besaßen dafür die Rückendeckung durch den UN-Sicherheitsrat. Zusätzlich kooperierten sie mit einem afghanischen Partner, der Nordallianz, und sie wurden von den Verbündeten Amerikas unterstützt. Ein Ziel haben sie erreicht: Es gab seit 2001 keinen Terroranschlag mehr, der in Afghanistan vorbereitet worden wäre.

Mit dem Sturz der Taliban beriefen die Vereinten Nationen Ende 2001 auf dem Petersberg bei Bonn eine Konferenz ein, die nach Jahrzehnten des Krieges den Wiederaufbau Afghanistans einleiten sollte. Alle wichtigen Akteure des Landes, bis auf die Taliban, waren anwesend. Sie diskutierten einen Plan, den der UN-Sondergesandte, der algerische Diplomat Lakhdar Brahimi, in Gesprächen mit Akteuren aus Afghanistan ausgearbeitet hatte. Dem Rahmenabkommen für den politischen Übergang stimmten alle anwesenden Staaten zu, ebenso viele Nichtregierungsorganisationen. Der militärische Teil bestand aus der Bitte an die NATO, eine auf Kabul beschränkte Truppe aufzustellen, die verhindern sollte, dass der Wiederaufbau von bewaffneten Kräften gestört würde.

Der Brahimi-Plan leitete aber keine nachhaltige Stabilisierung Afghanistans ein. Indem er einen starken Zentralstaat schaffen wollte und die ländlichen Gebiete vernachlässigte, stellte er die Weichen zweimal falsch. So wurde der Zentralstaat zur verhassten Korruptionsmaschine, gegen die die Taliban aus den vernachlässigten ländlichen Gebieten ihren Aufstand starteten – und erfolgreich durchführten.

Die Geschichte zeigt, dass die Afghanen nie einen starken Zentralstaat akzeptiert hatten. Staat bedeutete für sie Unterdrückung und eine Einschränkung ihrer Traditionen, Staat bedeutete eine brutale Polizei, korrupte Steuereintreiber und Beamte sowie die Zwangsrekrutierung der Söhne für die Armee. Der Staat plünderte sie aus, bereicherte sich an ihnen. Und jetzt sollte dieser Staat mit Hilfe der Vereinten Nationen zurückkehren?[23] Nur einem Herrscher Afghanistans war es gelungen, einen starken

Zentralstaat zu errichten. König Abdurrahman, der als der »eiserne Emir« erfolgreich von 1880 bis 1901 herrschte, band dazu jedoch alle Stammesführer in einer nicht endenden *Loya Dschirga* in Kabul, sodass sie in den Provinzen keinen Aufstand anzetteln konnten.

Anders als Abdurrahman konnte Karzai die Warlords nicht an Kabul binden, ähnlich wie unter früheren Königen entschied nur eine kleine Gruppe über alle Belange des Landes. Sie setzte sich überwiegend aus Paschtunen zusammen, was dem Nepotismus und der Ämterpatronage Vorschub leistete. Minderheiten waren in dem kleinen Kreis der Entscheidungsträger kaum vertreten.

Der Kampf um Afghanistan wurde in den ländlichen Gebieten verloren. Die großen Hilfsgelder gelangten über Kabul und einige andere Städte kaum hinaus. In den ländlichen Gebieten nahmen die Menschen die Zeit nach den Taliban in erster Linie unter dem Eindruck von Kampfflugzeugen, Kampfhubschraubern und Drohnen wahr, die über ihr Land und ihre Dörfer flogen, um die Taliban und al-Qaida zu jagen. Und so wandten sie sich erneut den Taliban zu, und um überleben zu können, nahmen sie wieder den Anbau von Schlafmohn auf. Die Taliban hatten bereits 2005 weite Teile Afghanistans auch deshalb unter ihre Kontrolle gebracht, weil die Landbevölkerung mit ihnen mehr sympathisierte als mit der Zentralregierung in Kabul und weil sie sich den Werten der Taliban mehr verbunden fühlten als den Werten der Städter.

Hätten die Taliban aber von 2001 bis 2021 durchgängig regiert, hätte es viele Verbesserungen im Leben der (städtischen) Afghanen nicht gegeben. Der Brahimi-Plan und die NATO-Mission ISAF hatten Fortschritte gebracht, die nach Jahrzehnten des Krieges ein neues, besseres Leben ermöglichten. Mädchen konnten wieder Schulen besuchen, Frauen durften arbeiten, die Medien erfreuten sich einer Freiheit wie in wenigen islamischen Ländern. Der Ausbau des Gesundheitswesens senkte die Kindersterblichkeit und verlängerte die Lebenserwartung. Die internationalen Hilfsgelder schufen einen Dienstleistungssektor, der gerade den Qualifizierten Chancen auf Arbeit bot.[24]

Diese Errungenschaften sind mit dem Zusammenbruch des Zentralstaats und der Rückkehr der Taliban gefährdet. Gescheitert ist in Afghanistan jedoch nicht das *nation building*, also die Schaffung einer afghanischen Gesellschaft. Das war auch nicht das Ziel. Gescheitert ist vielmehr die Konstituierung eines Staates mit funktionierenden Institutionen, in dessen Rahmen sich eine freie Gesellschaft hätte entfalten können. Die afghanischen Akteure, die mit dem Petersburger Prozess die Verantwortung für den Wiederaufbau übernahmen, verstanden ihre Aufgabe nicht als einen Dienst am Gemeinwohl, sondern als eine Chance, sich zu bereichern und Angehörigen Vorteile zu verschaffen – und die nutzten sie schamlos aus. So setzte »Transparency International« Afghanistan im Korruptionsranking für das Jahr 2020 unter 180 Ländern auf Platz 165.[25]

An Geld fehlte es nicht, nur floss es in die falschen Kanäle. Der Wissenschaftliche Dienst des US-Kongresses hat errechnet, dass die Vereinigten Staaten zusätzlich zu den Ausgaben für den Einsatz ihrer Streitkräfte in den zwei Jahrzehnten in Afghanistan 144 Milliarden Dollar aufwandten, davon 60 Prozent für die militärische Sicherheit, 25 Prozent für die Entwicklung von Regierungsinstitutionen und den Rest für zivile und humanitäre Projekte.[26]

Die Herzen der Menschen wurden mit diesen Geldern nicht gewonnen, vielmehr vergifteten sie die Gesellschaft und korrumpierten das Land. »Afghanistan war eine riesige Maschine, um öffentliche Gelder in private Profite umzuwandeln«, sagt der französische Afghanistan-Kenner Gilles Dorronsoro. Die Korruption habe sich nicht auf die afghanischen Eliten beschränkt, auch viele überbezahlte westliche Experten hätten davon profitiert.[27] Der afghanische Staat finanzierte sich zu 80 Prozent aus internationalen Mitteln, andere legale Einnahmen musste er kaum beschaffen. Und so überrascht es auch nicht, dass die Taliban aus dem Bergbau höhere Einnahmen erzielten als die afghanische Regierung.[28]

Einer der aufsehenerregendsten Fälle von Veruntreuung war die Plünderung der 2004 gegründeten privaten Kabul Bank. Sie kollabierte 2010, nachdem ihre Anteilseigner – unter ihnen ein Bruder von Präsident Hamid Karzai – knapp 1 Milliarde Dollar aus der Bank herausgenommen hatten. Mutmaßlich landete ein erheblicher Anteil auf Konten in Dubai. Der Großteil der veruntreuten Gelder waren Einlagen internationaler Geber. In den zwei Jahrzehnten seit 2001 seien aus den Hilfsgeldern für Afghanistan viele Milliarden Dollar nach Dubai abgezweigt worden, schreibt George Brian von der US-amerikanischen Denkfabrik »Carnegie Endowment«.[29] Prominente Afghanen erwarben in der Zeit in Dubai Luxusimmobilien.

Das Haupthindernis für eine erfolgreiche und nachhaltige Stabilisierung Afghanistans war die politische Führung. Mit ihrer Korruption und Inkompetenz, die in eine schlechte Regierungsführung mündeten, wurde sie ein größerer Feind für das Land als die Taliban.[30] Posten wurden nicht aufgrund von Qualifikation und Fähigkeiten vergeben, sondern im besseren Fall an Gefolgsleute verteilt und im schlechteren an Meistbietende verkauft. Letzteres war auch in der Armee gängige Praxis, mit verheerenden Folgen. Denn wer bezahlt hatte, musste das Geld wieder hereinholen, und das geschah unter anderem, indem Geistersoldaten geschaffen wurden, die es nur auf dem Papier gab, oder durch das Einbehalten des Solds, was die Moral der Soldaten nicht hob.

Eine übliche Praxis war folgende: Der Verteidigungsminister oder der Innenminister billigte den Einstellungsvertrag eines Soldaten und zweigte die Hälfte der Zahlung für dessen drei Mahlzeiten am Tag ab, aber auch einen Teil von den Zahlungen für die Uniform. Den verbleibenden Betrag gab er an einen Subkontraktor weiter, der wiederum einen Teil einbehielt und den Vertrag an den lokalen Kommandanten weiterreichte. Damit der Kommandant genügend Essen ausgeben konnte, wandte er sich an den nächsthöheren Offizier in der Gegend, der Namen auf die Gehaltsliste setzte, für die er am Monatsende Gehälter bekam. Diese Geistersoldaten trat er offiziell an den nachgeordneten Kommandanten ab, mit dem er die zusätzlichen Einnahmen teilte. Dieser hatte nun aber genügend Geld für die Verpflegung seiner Kompanie zur Verfügung.

Damit hatte die Armee jedoch nie die Mannstärke, die auf dem Papier ausgewiesen war: Teilweise stand die Hälfte der Soldaten zur Verfügung, teilweise noch weniger. So wie es Geistersoldaten gab, gab es Geisterschulen, Geisterlehrer und Geisterprojekte, die nicht existierten, aber Personen im Staat unrechtmäßig und auf Kosten anderer bereicherten.[31]

Die Verteidigungsminister wurden, wie andere Minister auch, nicht nach Eignung ausgewählt. Das sollte sich rächen. Von 2018 bis zum Schicksalsjahr 2021 leitete Asadullah Khalid das Ressort, obwohl er zuvor als Gouverneur von Kandahar nachweislich in Drogengeschäfte verwickelt war und in seinem Palast einen Folterkeller unterhalten hatte.[32] Erst am 19. Juni 2021, als die letzte große Offensive der Taliban schon seit sechs Wochen angelaufen war, berief Präsident Aschraf Ghani einen der fähigsten Offiziere der Armee, Bismillah Mohammadi, zum Verteidigungsminister. Es war allerdings zu spät, um das Momentum der Taliban zu brechen.

Nicht nur die Mitglieder der Regierung hatten in erster Linie ihren Vorteil im Blick, im ganzen Parlament war es nicht viel anders. Im ersten Parlament von 2005 hatten Warlords und Kriegsverbrecher 60 Prozent der Abgeordneten gestellt. Sie drohten der Regierung, sie zu stürzen, sollten ihre Leute nicht bestimmte Posten erhalten. Dutzende Warlords bauten so parallele Herrschaftsstrukturen auf, was den Taliban weitere Anhänger in die Arme trieb. Dazu trugen auch die Vereinigten Staaten bei, indem sie sich außerhalb der großen Städte auf die Milizen dieser Warlords stützten, um keine eigenen Bodentruppen unterhalten zu müssen. Diese Milizen waren aber für Plünderungen und Entführungen berüchtigt. So verhasst sie waren, so verhasst wurde die ausländische Macht, in deren Auftrag sie handelten.

Erst spät erkannten zudem die Afghanen wie auch die westlichen Truppen, dass sie die Taliban unterschätzt hatten. Aus der extremistischen Bedrohung, die man lange nur militärisch bekämpft hatte, war eine zunehmend erfolgreiche, landesweit agierende Aufstandsbewegung geworden, gegen die eine robuste militärische Strategie allein nicht mehr ausreichte. Das nicht rechtzeitig gesehen zu haben, war vielleicht der schwerwiegendste Fehler der Geheimdienste. Und so konnten die Taliban das Land überrennen, die Kommunikation der Städte untereinander trennen und eine machtlose Zentralregierung stürzen.[33]

Ziel der Vereinten Nationen war nicht, in Afghanistan eine Demokratie nach westlichem Standard zu etablieren. Es war aber auch nicht im Interesse der Geberstaaten, dass ein kleiner Kreis von korrupten, geldgierigen und oftmals inkompetenten Afghanen aufgrund seiner Machtstellung im Staat diese Mittel für sich abzweigte und sich und seine Clans auf Kosten der Gemeinschaft bereicherte. Eine Lehre aus Afghanistan muss daher sein, Hilfsgelder an Bedingungen zu knüpfen, die einen Missbrauch zumindest in großem Ausmaße ausschließen, etwa durch starke und unabhängige Institutionen.

Es trifft nicht zu, dass die Geberstaaten dem korrupten Treiben tatenlos zugesehen hätten. So richtete die US-Regierung im Januar 2008 SIGAR, eine Aufsichtsbehörde für den Wiederaufbau in Afghanistan mit einem Sondergeneralinspektor an der Spitze, ein. US-Präsident Barack Obama erhöhte im Oktober 2009 den Druck, indem er bei der Vorstellung der massiven Aufstockung der ISAF-Truppen eine zeitliche Begrenzung auf fünf Jahre festlegte. Danach sollte das afghanische Militär die Verantwortung für die Sicherheit des Landes in die eigenen Hände nehmen. Damit schwang die Aufforderung an Präsident Karzai und seinen Clan mit, endlich gegen die maßlose Korruption vorzugehen. Die afghanische Regierung bekämpfte jedoch weder die Korruption, noch nutzte sie die Chance zur Entwicklung des Landes, die sich aus der vorübergehend verbesserten Sicherheit ergeben hatte.

Schon als Vizepräsident hatte Joe Biden 2009 vorgeschlagen, die Mission in Afghanistan zu beenden. Er sah die Korruption als unheilbar an. Als Präsident tat er 2021 das, was er schon damals wollte: »den Stecker ziehen, um das unwürdige Treiben der von Hamid Karzai gebildeten afghanischen Machtvertikale zu beenden«.[34] Die Vereinigten Staaten sind offenbar nicht länger bereit, jene militärisch zu unterstützen, die nicht für ihre eigene Verteidigung sorgen können oder sorgen wollen. Der Westen hatte zwar wiederholt auf die Fehlentwicklungen in Afghanistan hingewiesen, daraus aber keine Konsequenzen gezogen. Gescheitert sind jedoch diejenigen, die vorgaben, die Elite Afghanistans zu sein.

6. DIE ZWEITE HERRSCHAFT DER TALIBAN

Taliban 2.0: Mäßigt sich die Bewegung?

Am 15. August 2021 begann die vierte Phase in der Geschichte der Taliban. Zunächst hatten sie von 1994 bis 1996 die Anarchie des Bürgerkriegs nach der sowjetischen Besatzung beendet. Danach erwiesen sie sich jedoch als unfähig, einen Staat zu führen. Nach ihrem Sturz 2001 reorganisierten sie sich in Pakistan und kehrten dann nach Afghanistan zurück, zunächst als Aufstandsbewegung, dann mit dem Ziel, das Land von den ausländischen Besatzern zu befreien – mit Waffen und am Verhandlungstisch.

An jenem 15. August 2021 berichtete als Erster der unabhängige afghanische Nachrichtensender »Tolo News«, Präsident Aschraf Ghani habe sich in die Vereinigten Arabischen Emirate abgesetzt. Einen Monat danach warf ihm der US-amerikanische Afghanistan-Beauftragte Zalmay Khalilzad vor, mit der Flucht seinen Plan für einen Übergang in Kabul »versenkt« zu haben. Denn er, Khalilzad, habe mit den Taliban vereinbart, dass Ghani Präsident bleiben solle, bis bei den Verhandlungen zwischen den Vereinigten Staaten und den Taliban in der qatarischen Hauptstadt Doha eine Lösung für den Übergang vereinbart worden sei. Die Taliban würden so lange nicht in Kabul einmarschieren.[1]

Wie auch immer Khalilzads Vereinbarung mit den Taliban ausgesehen hatte, sie war nach außen nicht bekannt geworden. Niemand habe gewusst, worüber Khalilzad mit den Taliban verhandle, kritisiert denn auch Habiba Sarabi, die von 2005 bis 2013 als Gouverneurin die Provinz Bamiyan regiert hatte und ab September 2020 der Delegation der afghanischen Regierung angehörte, die in Doha in parallelen Verhandlungen mit den Taliban sprach.[2] Durchgesickert sei lediglich, dass die USA eine Übergangsregierung mit den Taliban und der Regierung Ghani wollten, sagt sie – und dass die Taliban danach die Macht übernehmen sollten.

Sarabi bezeichnet es als den größten Fehler der US-Administration in Afghanistan, dass sie die Regierung von Präsident Ghani nicht in ihre Gespräche mit den Taliban eingebunden habe. Sie habe die afghanische Regierung schlicht ignoriert. Ein weiterer Fehler sei der Umgang mit Geld gewesen. Was sich die US-Regierung und deren Kontraktoren in Afghanistan geleistet hätten, sei keineswegs ein Vorbild für gute Regierungsführung gewesen, sondern ein Grund für das Ausmaß der Korruption im Land.

Sie sieht zwei Gründe für die Verhandlungen mit den Taliban. Zum einen hätten die Vereinigten Staaten damit suggerieren wollen, die Taliban hätten sich verändert und seien nun ein gemäßigter Akteur. Auf diese Weise versuchten sie von der Katastrophe abzulenken, die der Abzug ausgelöst habe. Zum anderen sollten die Taliban, solange sie mit Amerika sprächen, von Verhandlungen mit China und Russland abgehalten werden. Demgegenüber hätten die Taliban, die gewaltsam an die Macht gekommen seien, die Gespräche mit der US-Administration als eine

Gelegenheit genutzt, internationale Legitimität zu gewinnen, sagt Sarabi.

Als die Taliban am 15. August zurück in Kabul waren, verhielten sie sich in der Tat nicht so repressiv wie während ihrer ersten Herrschaft. Zu jener Zeit waren beispielsweise auch Medien verboten gewesen. Nun aber setzte der 2004 gegründete Sender »Tolo News« sein Programm ohne Unterbrechung fort. Eine Sensation war, dass am 18. August 2021 die Moderatorin Beheshta Arghand einen führenden Taliban, Abdul Haq Hammad, in einer Livesendung interviewte. Es sei richtig, mit den Taliban zu sprechen, um sie von den Vorzügen eines gemäßigten Afghanistans zu überzeugen, sagte der Chef der Medienkette »Moby«, Saad Mohseni, zu der »Tolo News« gehört.[3] Beheshta Arghand verließ jedoch am 24. August aus Angst vor den Taliban das Land.

Zuvor hatte Zabihullah Mudschahid, der Sprecher der Taliban, am 12. Juli 2021 bei »Tolo News« angekündigt, dass die Frauen im künftigen Staat der Taliban im Rahmen der Scharia arbeiten dürften.[4] Während der ersten Herrschaft der Taliban war ihnen das noch verwehrt gewesen. Nach ihrer Machtübernahme verkündeten die Taliban aber, sie duldeten Frauenarbeit lediglich im Gesundheits- und im Bildungswesen. Grundsätzlich erlaubten sie auch nur Mädchen bis zur sechsten Klasse, eine Schule zu besuchen. Im Oktober 2021 hatten erst in einigen Städten wie Mazar-e Scharif und Kunduz die Schulen für Mädchen wieder geöffnet.[5] Zudem lösten die Taliban am 18. September das Frauenministerium auf und brachten in dem Gebäude das Ministerium für die Sittenpolizei unter.

Zumindest zu Beginn ihrer zweiten Machtübernahme

verhielten sich die Taliban in Teilen pragmatisch, selbst wenn dabei offenbleibt, ob sich ihre Geisteshaltung wirklich verändert hat. Sie hatten den Krieg gewonnen, und nun wollten sie nicht ein zweites Mal bei der Aufgabe versagen, einen Staat zu führen. Sie sind ja nicht länger »Schüler« – *Taliban* –, sondern tragen Verantwortung für das Land. Ebenso wenig können sie ihre Herrschaft dauerhaft mit den Kriegen legitimieren, die sie gewonnen haben, sonst würden sie abermals daran scheitern, dass ihre Herrschaftsmethoden zur Verarmung der Menschen führen. Den Taliban würde es dann nicht anders gehen als früheren Herrschern, gegen die sich die Afghanen erhoben. Bereits in den ersten Monaten entlud sich die Unzufriedenheit der Menschen in vielen Städten des Landes in Protesten.

Dabei war die Rhetorik der Taliban zunächst versöhnlich. Im Gegensatz zu ihrer ersten Herrschaft wissen sie dieses Mal, dass sie bei der Führung des Staates auf Technokraten und Fachleute angewiesen sind und dass Gewalt allein dazu nicht reicht. Daher beließen sie Politiker wie etwa den Bürgermeister von Kabul im Amt. Sie strebten von Anfang an nach internationaler Anerkennung, denn ihnen war bewusst, dass die von ihnen eingetriebenen Steuern und Zölle nicht einmal ausreichen würden, um die Gehälter im Staatsapparat zu zahlen.[6] Bei seiner ersten Pressekonferenz nach der Machtübernahme am 17. August sagte daher der Sprecher der Taliban, Zabihullah Mudschahid: »Wir wollen kein Problem mit der internationalen Gemeinschaft haben.«

Der französische Politikwissenschaftler und Afghanistan-Kenner Adam Baczko spricht von der »Realpolitik eines neuen Regimes, das versucht, international anerkannt zu werden«.[7] Die Führer der Bewegung hätten 25 oder dreißig Jahre internationale Politik hinter sich. Sie hätten gelernt zu kommunizieren, sie benutzten die sozialen Netzwerke, und sie hätten ein Verständnis diplomatischer Fragen. Ebenso hätten sie gelernt, mit Nichtregierungsorganisationen zu sprechen, und sie hätten verstanden, dass sie die Beamten im Amt lassen müssten. Es sei nicht ausgeschlossen, dass die Taliban im Austausch für einen Sitz bei den Vereinten Nationen sogar einige ihrer Prinzipien verraten würden, denn »sie wollen vor allem Staatsmänner sein«.

Der Versuch einer Neuausrichtung trifft jedoch auf den Widerstand der Hardliner. Als solcher gilt der Führer der Bewegung, Hibatullah Akhundzadeh. Er folgte im Mai 2016 auf Akhtar Mohammad Mansour, der bei einem Drohnenangriff in der pakistanischen Provinz Belutschistan getötet worden war. Akhundzadeh gilt als ein guter Vermittler, in Fragen der Auslegung der Scharia aber als Radikaler, der die kompromisslose Durchsetzung der Sittengesetze fordert. Er hatte sich auch entschieden für die Sprengung der Buddha-Statuen von Bamiyan ausgesprochen. Am 7. September 2021 riefen ihn die Taliban zum »Emir« des neuen Staats und damit zum neuen Staatsoberhaupt aus.[8]

Akhundzadeh gehörte der *Shura* von Quetta an, die die Geschicke der Bewegung aus dem pakistanischen Exil führte. Sie war seit der Wahl seines Vorgängers Mansour nicht mehr das unumstrittene Zentrum der Taliban. Mansour war 2015, zwei Jahre nach dem lange geheim gehaltenen Tod von Mullah Omar, zum neuen Führer der Taliban gewählt worden. Seine Kritiker, allen voran Mullah

Rasool, hatten eine größere Unabhängigkeit von Pakistan gefordert und die Gültigkeit des Treueeids (*baiʾa*) für Mansour in Zweifel gezogen.[9] Ein Ableger der *Shura* von Quetta ist die *Shura* von Miranschah, dem Sitz des Haqqani-Netzwerks.[10]

Seit ihrer Gründung waren die Taliban nach außen geschlossen aufgetreten; nun zeigten sich erstmals Risse. Mitte September 2021 berichtete die BBC über einen Machtkampf.[11] Am Regierungssitz in Kabul war ein Streit zwischen zwei prominenten Taliban gewaltsam eskaliert. Dabei soll Khalil Rahman Haqqani (aus dem von den Vereinigten Staaten als Terrororganisation gelisteten Haqqani-Netzwerk) auf Mullah Abdul Ghani Baradar, das Gesicht der Gemäßigten, losgegangen sein. Danach wurde Baradar mehrere Tage nicht in der Öffentlichkeit gesehen. Es wurde sogar über seinen Tod spekuliert, er tauchte aber noch im September wieder in der Öffentlichkeit auf.

Entzündet hatte sich der Konflikt an der Zusammensetzung der neuen Regierung, die die Taliban am 7. September vorgestellt hatten. Baradar habe eine größere Rolle der Gemäßigten gefordert, wurde berichtet, schließlich sei er es gewesen, der durch sein Telefonat mit US-Präsident Trump die Weichen für die Vereinbarung von Doha vom 20. Februar 2020 gestellt habe. Haqqani habe darauf entgegnet, die von seinem Netzwerk verübten Selbstmordanschläge hätten die Amerikaner zum Rückzug gezwungen.

Die Regierung der Taliban umfasst 33 Minister, ausschließlich bärtige Männer mit Turban.[12] Mullah Baradar amtiert als stellvertretender Ministerpräsident, Khalil Rahman Haqqani als Minister für Flüchtlingsfragen. Letzterer wird von den Vereinigten Staaten steckbrieflich gesucht, ebenso sein Bruder Siradschuddin, der Führer des Haqqani-Netzwerks und neue Innenminister der Taliban. Das Innenministerium kann sich für Siradschuddin Haqqani als ein vergiftetes Geschenk erweisen, sollte es ihm nicht gelingen, die innere Sicherheit wiederherzustellen.

Während Siradschuddin Haqqani gute Beziehungen zu Pakistan unterhält, befand sich Mullah Baradar von 2010 bis 2018 in pakistanischer Haft. Er war festgenommen worden, weil er mit Präsident Karzai über eine politische Lösung für Afghanistan verhandelt hatte. Pakistan wollte das aber verhindern, um nicht die Kontrolle über Afghanistan zu verlieren. Möglicherweise ist der Verteidigungsminister Mullah Mohammad Yakub der kommende Mann der Taliban. Der 1990 geborene älteste Sohn von Mullah Omar leitete im Sommer 2021 den Blitzkrieg, der mit der unerwartet raschen Machtübernahme endete. Allem Anschein nach steht er Mullah Baradar nahe und ist ein Rivale von Siradschuddin Haqqani.[13]

Mit der Regierungsbildung haben die Taliban alle Hoffnungen darauf zerstört, dass sie das Land mit einer breit abgestützten Regierung führen würden, denn dreißig der 33 Minister sind Paschtunen. Vier Minister waren zudem Gefangene in Guantánamo, unter ihnen der Geheimdienstchef Mullah Abdul Haq Wasiq und Informationsminister Kheirullah Kheirkhwah. 2014 waren sie im Austausch gegen den US amerikanischen Soldaten Bowe Bergdahl freigelassen worden.

Im Machtkampf mit den Hardlinern haben die Gemäßigten ein starkes Argument auf ihrer Seite, da die erste Herrschaft der Taliban daran gescheitert war, dass sie nicht politikfähig waren. Gopal und Strick van Linschoten vom

»Afghanistan Analysts Network«, einem Verbund angesehener Beobachter Afghanistans, halten es aus zwei Gründen für wahrscheinlich, dass die Taliban des Jahres 2021 einen pragmatischen Kurs einschlagen, auch wenn sich ihre Einstellung zu den Menschenrechten nicht verändern sollte.[14]

Zum einen hätten sich die Taliban in den vergangenen zwanzig Jahren soziologisch verändert. Das Leben außerhalb Afghanistans habe die Führer der Taliban geprägt, der Mobilfunk und das Internet brächten heute neue Ideen selbst in die ländlichen Gebiete, und der Aufstand gegen die US-Besatzer im Irak habe die Möglichkeiten ihrer Militanz erweitert, beispielsweise durch den Einsatz von Selbstmordanschlägen. Zum anderen hätten sie aus dem Versagen bei ihrer ersten Herrschaft in den Jahren von 1996 bis 2001 gelernt.

Das äußert sich etwa darin, dass sie das Bewahren von Traditionen nicht mehr repressiv durchsetzen. Es sei bereits bemerkbar, dass sie nicht mehr von Äußerlichkeiten auf die Religiosität schlössen und diese nicht mehr mittels der Sittenpolizei einforderten, so die Autoren. Die Absicht des Handelns werde wichtiger als das sichtbare Tun. So seien nun Dinge gestattet, die bislang verboten waren, unter anderem die Photographie und die Medien. Generell sei nun erlaubt, was ihrem Kampf nütze. Das schließe die eigentlich im Islam verbotenen Selbstmordanschläge ein.

Die Taliban loten nun aus, wie sie in dem Rahmen, den der Islam setzt, die Souveränität ihres Staats und ihren afghanischen Nationalismus begründen können. So entsteht ein islamischer Nationalismus afghanischer Prägung, der den Taliban dreierlei ermöglicht: sich nur um Afghanistan selbst zu kümmern, das regelbasierte System der Staatengemeinschaft zu akzeptieren und sich vom transnationalen Dschihad zu distanzieren. Dieser islamische Nationalismus werde sich vom ethnischen (und säkularen) Nationalismus der Paschtunen abheben und eine Form annehmen wie bei der Hamas in Gaza oder der auf Syrien fixierten extremistischen Bewegung Ahrar al-Sham, erwarten die beiden Autoren.

Damit lösen sich die Taliban von ihrer ursprünglichen Fixiertheit auf das südafghanische paschtunische Dorf und nähern sich dem Mainstream des modernen Islamismus, bleiben aber ein afghanisches Phänomen. Die beiden Autoren rechnen nicht damit, dass die Taliban je individuelle Freiheitsrechte respektieren. Vielmehr erwarten sie eine autoritäre Politik, wie sie auch die früheren Führer der Mudschahedin verfolgt hätten.[15]

Um auf alle diese für sie neuen Fragestellungen Antworten zu erhalten, suchen die Taliban bei modernen islamistischen Bewegungen Rat. Seit die Taliban in der qatarischen Hauptstadt Doha 2013 ihr »Politisches Büro« wiedereröffnen durften, sind sie dort mit der 2004 gegründeten »Internationalen Union Muslimischer Gelehrter« im Gespräch. Bei den Taliban beteiligen sich die Vertreter des Büros sowie Religionsgelehrte an den Treffen, bei der Internationalen Union, die der Muslimbruderschaft nahesteht, der marokkanische Vorsitzende Ahmad al-Raisuni und der in Doha lebende Generalsekretär Ali Muhiy al-Din al-Qaradaghi. Die Gespräche fänden auf beiden Seiten auf hoher Ebene statt, damit man zu praktischen Ergebnissen komme, sagt al-Qaradaghi.[16]

Als die Taliban im Mai 2001 in Bamiyan die Buddha-Statuen sprengen wollten (und es dann auch taten), war al-Qaradaghi Mitglied einer Delegation, die versuchte, sie von dem Vorhaben abzubringen. Im Vergleich seien die Taliban heute anders, sagt der angesehene Religionsgelehrte: »Wir denken, sie haben sich zum Besseren verändert.« Die neue Generation habe einen weiteren Horizont und mehr Erfahrung als die meisten ihrer Vorgänger.

Viele Treffen fänden zu politischen, humanitären, ideologischen und rechtlichen Themen in ruhiger Atmosphäre statt, denn der Koran verpflichte zu einem ruhigen und zielorientierten Dialog. Die Union der Religionsgelehrten stehe ohne Vorbedingungen und Vorurteile mit allen in Verbindung, selbst wenn man unterschiedlicher Meinung sei. Die Taliban sagten ihm gegenüber, sie respektierten die Sichtweisen der Religionsgelehrten, verträten jedoch auch eigene Meinungen und Überzeugungen, die zudem noch untereinander verschieden seien. Indes respektierten sie die Argumente der islamischen Rechtswissenschaft.

Qaradaghi nennt fünf Punkte, bei denen er weiterhin die Taliban in der Pflicht sieht, sich zu bewegen und zu verändern. Erstens müsse die Regierung die gesamte afghanische Bevölkerung mit allen ihren Bestandteilen vertreten; zu einem rechtmäßigen Regieren gehöre die echte Teilhabe aller Segmente des afghanischen Volkes. Zweitens müssten sich die Taliban beim Thema der legitimen Rechte der Frau ändern und anerkennen, dass die Scharia sehr viel mehr erlaube als das, was bei den Taliban möglich sei. Die Scharia, so al-Qaradaghi, sei ja Vorreiter für die Befreiung der Frau vor den heutigen Gesetzen gewesen.

Drittens bestehe eine Notwendigkeit für Veränderungen bei den Themen Bildung und Religionsunterricht, sodass sie mit den Erfordernissen der Gegenwart kompatibel würden. Viertens bestehe dieselbe Notwendigkeit bei wirtschaftlichen und gesellschaftlichen Themen, und fünftens in der internationalen Politik, denn der Islam habe Grundsätze für die internationale Politik und für humanitäre Leistungen in Kriegs- und Friedenszeiten festgelegt.

Offenbar haben sich die Taliban bei diesen fünf Aspekten nicht oder nur wenig bewegt. In einem Punkt verteidigt al-Qaradaghi sie jedoch: Sie seien gegen den Terror und seien ja selbst dessen Opfer, etwa durch den »Islamischen Staat Provinz Khorasan« (ISPK). Grundsätzlich glaubt er, dass die zweite Herrschaft der Taliban, anders als ihre erste, Bestand habe: Nachdem die Vorgängerregierungen weder Sicherheit noch Entwicklung geboten hätten, stünde die Mehrheit der Afghanen nun hinter ihnen.

In Doha waren vor der Rückkehr der Taliban nach Kabul zeitweise drei Verhandlungsstränge parallel verlaufen: Neben den Verhandlungen der US-Administration mit den Taliban und denen der Muslimbruderschaft mit den Taliban gab es auch Gespräche zwischen der afghanischen Regierung und den Taliban.

Letztere begannen am 12. September 2020 und endeten, als die Taliban im Sommer 2021 kein Interesse mehr an ihnen hatten. Zu den Gesprächen hatten die afghanische Regierung und die Taliban Delegationen mit jeweils 21 Mitgliedern nach Doha entsandt. Jede Seite ernannte sieben von ihnen zu Mitgliedern von Kontaktgruppen, die sich regelmäßig treffen sollten. Ergänzt wurden sie durch jeweils zwei weitere Personen, die separat für jede Seite

Notizen machten, nicht aber gemeinsam mit den anderen beiden. Zur Kontaktgruppe der Regierung gehörte die Medizinerin und erste Gouverneurin in der Geschichte Afghanistans Habiba Sarabi.

Sie schildert, wie sie die Treffen mit den Taliban erlebt hat.[17] In den ersten drei Monaten habe man über die Geschäftsordnung gesprochen, das sei gut verlaufen, sagt Sarabi. Es habe Fortschritte gegeben, man habe sich geeinigt und Hoffnung gehabt. Bereits zu Beginn fanden die Gespräche allerdings nicht wie vorgesehen jeden Tag statt, und wenn, dann erst nach 17 Uhr, denn tagsüber gingen die Taliban ihren kommerziellen Exportgeschäften nach und verkauften Produkte aus Afghanistan, beispielsweise Trockenfrüchte.

Dann jedoch kehrten die Taliban später als vereinbart aus der Neujahrspause und von einer Reise nach Pakistan zurück, wo sie sich zu Konsultationen mit der pakistanischen Regierung aufgehalten hatten. Jede Seite legte noch eine Liste von Punkten vor, die sie besprechen wollte. Die Regierung hatte 28 Punkte auf ihrer Liste, bei den Taliban waren es 24, vor allem militärische Fragen. Weit sei man nicht gekommen, bedauert Sarabi, selbst als Qatar die Rolle eines Vermittlers übernommen habe. Es gab kaum mehr Treffen. Im Mai habe man nur noch geringe Hoffnung auf eine Einigung gehabt, im Juni keine mehr.

Sehr unterschiedlich hätten sich die Taliban ihr als Frau gegenüber verhalten, berichtet Habiba Sarabi. Bei den Treffen im großen Format hätten einige Taliban ihr Gesicht bedeckt, um keine Frauen sehen zu müssen. Im kleinen Format der Kontaktgruppen hätten die Taliban sie aber nicht als Frau behandelt, sondern als politische Person. Bei einem zufälligen Treffen in der Lobby habe ihr ein Talib gesagt: »Frauen zuerst«, worauf sie geantwortet habe: »Glauben Sie das wirklich? Lasst uns das in Afghanistan sehen.« Einige Taliban seien gewitzt und schlau, so Sarabi.

Kritisch äußert sie sich zur Rolle des Gastgebers Qatar. Seit 2013 unterstütze das Land die Taliban, politisch mit dem Büro der Taliban in Doha und finanziell, indem den Taliban in Doha keine Kosten entstanden sind. Sarabi gesteht der Führung in Qatar zu, sie habe versucht, auf die Taliban einzuwirken und diese zu einer substantiellen Veränderung zu bewegen. Qatar habe dazu aber keinen Druck ausgeübt und zudem eine offensichtliche Sympathie für die Taliban gezeigt.

Sarabi kehrte nicht aus Doha nach Afghanistan zurück. Sie hat sich in der Türkei niedergelassen und ist aus drei Gründen skeptisch: Erstens verloren allein in den Wochen nach der Machtübernahme 1,5 Millionen Afghanen ihre Arbeit, wodurch 5 Millionen ohne Einkommen sind; zweitens sind die Taliban militärisch erfahren, nicht aber beim Regieren; drittens flogen allein die Vereinigten Staaten im August 124 000 Zivilisten aus Kabul aus, sowohl afghanische als auch US-amerikanische Staatsbürger. Es handelte sich bei ihnen überwiegend um Fachpersonal, das dem Land jetzt fehle, so wie sie, die Ärztin Sarabi.[18]

Selbst wenn viel Fachpersonal das Land verlassen hat: Das Afghanistan von 2021 ist ein anderes als das von 1996, dem Jahr der ersten Machtübernahme. Die Afghanen (und vor allem die Afghaninnen) haben erfahren, was Freiheit bedeutet, eine Generation von jungen Afghanen hat studiert, jeder zweite Afghane hat ein Mobilfunkgerät und 15 Prozent besitzen heute einen Internetanschluss. Ob die

Bewegung zu den Taliban 2.0 wird, ist ungewiss. Sie haben jedenfalls ein anderes Afghanistan übernommen, ein Afghanistan 2.0.[19]

Dschihad 2.0: Wieder Rückzugsgebiet für Terroristen?

Der amerikanische Präsident Joe Biden vollzog lediglich, was sein Vorgänger Donald Trump durch das Abkommen mit den Taliban vom 20. Februar 2020 eingeleitet hatte: Er beendete den längsten Krieg in der Geschichte der Vereinigten Staaten und holte die Truppen nach Hause. Im April 2021 kündigte er den Rückzug an und begründete ihn damit, dass al-Qaida verschwunden sei und in der Folge auch deren Terrorgefahr. Das war insofern richtig, als der Kampf gegen die Terrororganisation erfolgreich war, wenn man bedenkt, dass sie seit 2005 in der westlichen Welt keine großen Anschläge mehr verübt hat. Verschwunden ist die Gefahr aber nicht.

Zerschlagen wurde jedoch die zentrale Organisation. Sie überlebte dezentralisiert und geschwächt mit einer Reihe von Ablegern, die von Mali über Saudi-Arabien bis in den Irak reichten. Darüber hinaus hatte sie im afghanisch-pakistanischen Grenzgebiet mit dem Haqqani-Netzwerk weiterhin einen verlässlichen Verbündeten. Seit 2011 musste al-Qaida aber – wie später der »Islamische Staat« – seine Anhänger dazu aufrufen, den Dschihad in Europa als Einzeltäter individuell weiterzuführen. Verschwunden ist die dschihadistische Gefahr auch deshalb nicht, weil sich in Afghanistan viele extremistische und gewaltbereite Bewegungen eingenistet haben.

So heißt es in einem Dokument der Behörde, die in den Vereinten Nationen für das Monitoring von Terrororganisationen zuständig ist, vom 15. Juli 2021 an den UN-Sicherheitsrat: »Al-Qaida ist in mindestens 15 der 34 Provinzen Afghanistans präsent, vor allem im Osten, Süden und Südosten des Landes.«[20] Die Terrororganisation operiere unter dem Schutz der Taliban aus Kandahar, und sie berichte in ihren wöchentlichen Rundschreiben über ihre Anschläge in Afghanistan. Ihr gehörten Afghanen und Pakistaner sowie Staatsbürger aus Bangladesch, Indien und Myanmar an. Mutmaßlich lebe der gesundheitlich angeschlagene Führer Ayman al-Zawahiri in Afghanistan. Die Sicherheitslage im Land sei fragil, mit dem Risiko einer weiteren Verschlechterung.

Der Dschihadismus hat in Afghanistan also nach wie vor eine Heimat. Eine größere Gefahr als von al-Qaida geht vom »Islamischen Staat Provinz Khorasan« (ISPK) und den extremistischen Gruppen aus, die sich zu einer neuen schlagkräftigen Terrororganisation zusammenschließen können. Der ISPK existiert als der regionale Ableger des von Abu Bakr al-Baghdadi gegründeten »Kalifats« seit Ende 2014, als der »Kalif« Abgesandte in das afghanisch-pakistanische Grenzgebiet schickte. Der ISPK lehnt den afghanischen Nationalismus der Taliban ab und strebt nach einem Kalifat, das weite Teile Zentralasiens und Südasiens umfassen soll.

Bereits 2016 verübte der ISPK Anschläge in Kabul und anderen Städten Afghanistans, nach der Machtübernahme der Taliban am 15. August 2021 intensivierte er seine Anschlagsserie. Bei einem Selbstmordanschlag auf den Flughafen von Kabul, den eine Sondereinheit der Taliban sicherte, wurden am 26. August 183 Menschen getötet, unter ihnen 13 US-Soldaten. Bei keinem anderen einzelnen Einsatz in Afghanistan kamen mehr amerikanische Soldaten ums Leben. Innerhalb weniger Wochen richteten sich weitere Selbstmordanschläge gegen schiitische Moscheen, Konvois der Taliban und eine Moschee, in der Taliban zu einem Gebet zusammengekommen waren. Die Dschihadisten des ISPK wollen so erreichen, dass das Vertrauen der Bevölkerung in die Taliban, wie 1996 Sicherheit herstellen zu können, schwindet.[21]

Der Anschlag auf dem Flughafen hatte eine Vorgeschichte: Afghanische Sicherheitskräfte hatten im Mai 2020 einen Emir des ISPK, Abu Omar Khorasani, festgenommen. Am 16. August holten die Taliban bei einer ihrer ersten Aktionen in Kabul Khorasani aus dem Gefängnis, in dem er auf seine Hinrichtung gewartet hatte, und exekutierten ihn.

Der ISPK rekrutiert junge Afghanen, die den gemäßigten Kurs von Mullah Baradar ablehnen, und Kämpfer der »Bewegung der Taliban Pakistans« (TTP), aus der ein großer Teil des Führungspersonals des ISPK stammt. Dem ISPK schlossen sich weitere extremistische Gruppen an, die sich in Afghanistan eingenistet hatten, sowie Dschihadisten aus islamischen Ländern. Er umwirbt auch IS-Mitglieder in Syrien und dem Irak, denen er ein neues Rückzugsgebiet bietet. Der UN-Bericht schätzt die Zahl der aktiven Kämpfer des ISPK auf bis zu 1000, mittelfristig könne sie bis auf bis zu 10 000 steigen.

In mindestens sieben afghanischen Provinzen ist der ISPK präsent, möglicherweise unterhält er in Kabul schlafende Zellen. Sein wichtigstes Rückzugsgebiet aber sind östlich von Kabul die tiefen Täler in der Provinz Nangarhar mit der Höhlengegend Tora Bora, in der sich Ende 2001 al-Qaida verschanzt hatte. Teilweise eroberte der ISPK dort Gelände von den afghanischen Taliban.

Wiederholt gingen die afghanischen Streitkräfte und US-amerikanische Spezialeinheiten, oftmals unterstützt von den Taliban, in großen Operationen gegen den ISPK vor. Im April 2017 setzten die US-Streitkräfte in Nangarhar die sprengkraftstärkste konventionelle Fliegerbombe in ihrem Arsenal ein, die GBU-43/B oder die »Mutter aller Bomben«. In den vergangenen Jahren wurden bei den Operationen zwanzig führende Mitglieder der ISPK getötet, darunter mindestens vier Emire. Jedoch erholte sich die Terrororganisation immer wieder rasch.[22]

Rätsel wirft auf, wie es dem ISPK gelingt, in Kabul – fern seiner Rückzugsgebiete im Osten Afghanistans – derart verheerende Anschläge zu verüben. Eine Erklärung dafür könnte sein, dass er auf die Unterstützung durch das Haqqani-Netzwerk zurückgreift, das für die großen Terroranschläge der Taliban in Kabul vor deren Machtübernahme 2021 verantwortlich ist. Allerdings arbeiteten die Haqqanis in der Vergangenheit mit al-Qaida zusammen und nicht mit dem IS. Möglicherweise haben die Haqqanis jedoch kein Interesse an einer Feindschaft mit ihm. Das wäre »ein deutliches Warnzeichen, dass auch in Afghanistan neue dschihadistische Bündnisse entstehen können«, schreibt der Extremismusexperte Guido Steinberg.[23]

Die größte aus Afghanistan drohende Gefahr sei, so Steinberg, dass »am Hindukusch ein neues Epizentrum des internationalen Terrorismus entstehen« könnte. In Afghanistan ließen sich nämlich in den vergangenen Jahrzehnten aus vielen Ländern der Region Dschihadisten nieder, die den Dschihad in ihre jeweiligen Heimatländer zurücktragen wollen.

Dazu gehören Usbeken in der »Islamischen Bewegung Usbekistans«, Zentralasiaten im »Bataillon Imam al-Bukhari« (*Katiba Imam al-Bukhari*), Uiguren in der »Islamischen Bewegung Ost-Turkestan« beziehungsweise in deren Nachfolgeorganisation »Islamische Partei Turkestan« und Pakistaner in der TTP, die Ziele in Pakistan angreifen und dort eine islamische Ordnung errichten wollen. Hingegen wollen die uigurischen Extremisten, die traditionell mit al-Qaida zusammenarbeiten, von ihrem Hauptquartier in der nordafghanischen Provinz Badachschan aus in Xinjiang einen uigurisch-islamischen Staat errichten.

Alle Gruppen, einschließlich der ISPK und al-Qaida, haben zwischen 10 000 und 20 000 Mann unter Waffen. Würden sich einige von ihnen zusammenschließen, entstünde eine starke Organisation, die aus ihren sicheren Rückzugsgebieten heraus wieder große Anschläge auch in Europa planen und organisieren könnte. Ob es dazu kommt, hängt nicht zuletzt von Siradschuddin Haqqani ab, der in der Vergangenheit gezeigt hat, dass er im Umgang mit Dschihadisten keine Skrupel kennt.

Im Krieg gegen den Terror haben die Vereinigten Staaten Erfolge erzielt, sie haben aber ebenso Fehler gemacht. Der größte Fehler war 2003 der Einmarsch im Irak, der wie keine andere einzelne Aktion den dschihadistischen Terror befeuerte. Ein weiterer Fehler war 2011 der Rückzug aus dem Irak, auf den die Gründung des »Kalifats« des IS folgte. Zu hoffen bleibt, dass der Rückzug aus Afghanistan nicht ähnliche Folgen zeitigt. Es ist denkbar, dass die Taliban, sollten sie eine Sicherheitspartnerschaft mit den USA eingehen, von diesen Befürchtungen profitieren.

Great Game 2.0: Die Machtverschiebung

Der Rückzug der USA und anderer NATO-Staaten aus Afghanistan beschleunigt einen Prozess, der zu Beginn des 21. Jahrhunderts einsetzte: die Vereinnahmung Zentralasiens durch China, das damit seine Dominanz in einem Wirtschaftsgürtel festigt, der vom Pazifik bis an die Ostsee reicht. Mit seiner Neuen Seidenstraße, der »Belt and Road Initiative« (BRI), bindet China die eurasische Landmasse an sich und macht sich zum Mittelpunkt des künftig größten Marktes.

Den Rückzug als weiteres Beispiel für das Bonmot von Afghanistan als dem Friedhof der Großmächte zu deuten, greift nicht. Keines dieser Imperien, weder das British Empire noch die Sowjetunion, ist allein wegen seiner Niederlage in Afghanistan untergegangen. Nun haben sich die Vereinigten Staaten zwar aus Afghanistan zurückgezogen, sie behalten aber eine Präsenz in Asien bei und auch eine Führungsrolle in der Welt. Dass die US-Administration diesen Rückzug ankündigte, ohne seine Partner zu konsultieren, hat bei diesen allerdings zu einem Vertrauensverlust geführt. Der könnte zum Anstoß dafür werden, dass Europa sich endlich dazu bereitfindet, selbst ein glaubwürdiger strategischer Akteur zu werden.

Viele Imperien bissen sich an Afghanistan die Zähne aus. Immer verteidigten die Afghanen ihr Land mit einem großen Freiheitswillen, einen funktionierenden Staat brachten sie allerdings nur in wenigen Ausnahmefällen hervor. Große Armeen wie die von Alexander dem Großen, von Dschingis Khan, Timur und Babur eroberten das Land und zogen weiter, hinterließen aber kaum Spuren. Als die Reiterhorden Dschingis Khans wieder verschwanden, war ein großer Friedhof ihr Vermächtnis.

Unter anderen Bedingungen zogen die Briten, Sowjets und US-Amerikaner ab. Von den 16 500 Soldaten und Zivilisten der britischen Armee, die am 6. Januar 1842 Kabul verlassen hatten, erreichte nur William Brydon das 150 Kilometer entfernte Dschalalabad. Am 15. Februar 1989 war General Boris Gromow der letzte sowjetische Soldat einer geschlagenen Armee, der über die Friedensbrücke bei Termez nach Hause zurückkehrte. Schließlich verließen am 30. August 2021 die letzten US-amerikanischen Soldaten um 23:59 Uhr in der Dunkelheit der Nacht Kabul.

Weit mehr als das Wort vom Friedhof der Großmächte trifft der Begriff vom *Great Game* auf die Entwicklungen in Zentralasien zu. Als Erster verwendete ihn der britische Gesandte und Agent Arthur Conolly im Juli 1840 – also noch vor der verheerenden Niederlage der britischen Armee im Januar 1842 – in einem Brief an den neu nach Kandahar entsandten politischen Agenten des Empire. Conolly war in den Diensten der British East India Company, im Juni 1842 wurde er in Buchara als Spion hingerichtet. Bekannt wurde der Begriff dank des britischen Schriftstellers Rudyard Kipling.

Das »Große Spiel« dreht sich um ein Land, das selbst wenig zu bieten hat. Afghanistan hat kein Erdöl und kein Gold, es ist keine Diamantenmine und keine Kornkammer. Auch ist unklar, mit welchen Kosten der Abbau der

Bodenschätze wie den Seltenen Erden verbunden ist. Dennoch war das Land als Verbindungsstück zwischen großen Kulturkreisen immer begehrt. Entweder wurde es wie im 19. Jahrhundert bei den Briten als Puffer gebraucht, um einen Feind zurückzuhalten, oder man benötigt es wie im 21. Jahrhundert, um bestehende Verbindungen zu vervollständigen und auszubauen.

Die Vereinigten Staaten haben sich entschieden, das Ausgreifen Chinas nach der Welt nicht von Afghanistan aus zu begrenzen. Dabei könnten sie von dort aus die chinesischen Pläne zwar nicht durchkreuzen, aber doch erheblich erschweren. So aber fällt Afghanistan China in den Schoß, ohne dass es einen Schuss abfeuern muss, und es liegt an Peking zu verhindern, dass Terror aus Afghanistan die Region destabilisiert.

China kreist Afghanistan bereits auf drei Seiten ein.[24] Östlich von Afghanistan baut die Volksrepublik in Pakistan einen Wirtschaftskorridor mit Straßen, Schienen und Pipelines; er soll die westlichen Provinzen Chinas mit dem pakistanischen Hafen Gwadar, den es modernisiert, und mit dem Indischen Ozean verbinden. Im Norden Afghanistans verlegt die »China National Petroleum Corporation« eine Gaspipeline über Kasachstan und Usbekistan nach Turkmenistan. Im Westen schließlich bindet China die Islamische Republik Iran an sich und unterzeichnete dazu am 27. März 2021 ein umfassendes, auf 25 Jahre angelegtes Entwicklungsabkommen.

Afghanistan fügt sich in diese Planung zunächst als Transitland für eine Gaspipeline ein, die von Turkmenistan über Herat und Kandahar nach Pakistan und Indien verlaufen wird. Die Vereinigten Staaten hatten sich bereits in den 1990er-Jahren für dieses Projekt stark gemacht und damals mit den Taliban darüber gesprochen; der Bau begann erst 2015. China wäre zudem Afghanistans bevorzugter Partner für den Abbau von Mineralien.

Der italienischen Zeitung »La Repubblica« sagte der Sprecher der Taliban, Zahibullah Mudschahid, am 1. September 2021, China sei Afghanistans wichtigster Partner; es handle sich um eine außergewöhnliche Chance für sein Land und eine Eintrittskarte zu den Märkten der Welt. Mullah Baradar, Außenminister seit 7. September 2021, bezeichnete bei einem Besuch im Juli 2021 China als »verlässlichen Freund«, und er versprach ein »günstiges Investitionsumfeld«, damit China beim Wiederaufbau und der wirtschaftlichen Entwicklung Afghanistans »eine größere Rolle« spielen könne. Ferner versprachen die Taliban während des Besuchs in China, sie würden niemandem erlauben, afghanischen Boden für die Vorbereitung von Terroranschlägen in China zu benutzen.

Die Volksrepublik hat nach der Machtübernahme der Taliban ihre Botschaft in Kabul zwar nie geschlossen, ist aber besorgt, ob die Taliban in Afghanistan tatsächlich für Stabilität sorgen können. Peking gab daher im Oktober 2021 bekannt, in Tadschikistan eine Militärbasis zu bauen. Sie soll im Dreiländereck mit Afghanistan und China dazu beitragen, dass islamistische Extremisten aus Afghanistan nicht nach Tadschikistan und von dort nach China und Xinjiang eindringen.

Obwohl die Anschläge in Xinjiang bislang von chinesischem Boden selbst ausgingen, fürchtet China die extremistischen Uiguren, die in Afghanistan ein Rückzugsgebiet gefunden haben. Der chinesische Außenminister

Wang Yi forderte daher die Taliban im Juli 2021 auf, die Beziehungen mit allen militanten Gruppen abzubrechen und gegen die uigurische »Islamische Partei Turkestan« vorzugehen. Ein Auslieferungsgesuch, wie es China gegenüber mehreren Staaten erfolgreich gestellt hat, verband er damit nicht. Es würde die Taliban vor eine Zerreißprobe stellen, denn Uiguren kämpften in den Reihen der Taliban, und der Armeechef der Taliban, Qari Fasihuddin Badachschani, soll enge Kontakte zu den uigurischen Extremisten in Afghanistan unterhalten. Zudem würde eine Auslieferung als Verrat an der Solidarität der Taliban ausgelegt werden und zu inneren Spannungen führen, an denen das an Stabilität interessierte China nicht gelegen sein kann.

China ist auch um die Sicherheit der Infrastruktur seiner Seidenstraßen-Initiative besorgt, weil die Gewalt von Afghanistan auf die benachbarten Länder übergreifen und dort chinesische Interessen treffen kann. So wurden im Juli 2021 im Norden Pakistans neun chinesische Arbeiter bei einem mutmaßlichen Terroranschlag getötet. Nicht ausgeschlossen ist, dass China versuchen wird, Nutzungsrechte für die Luftwaffenbasis Bagram zu erhalten, die die US-Amerikaner am 9. Juli 2021 verlassen haben – in einem ersten Schritt für kommerzielle Flüge und in einem folgenden, um Militär für die Sicherung der Investitionen entlang der Seidenstraße zu stationieren.[25]

Solange es in Afghanistan keine Stabilität gibt, wird China dort nicht investieren, und solange China nicht investiert, wird Afghanistan auf westliche humanitäre und Entwicklungshilfe angewiesen sein. Chinas bislang einzige große Investition in Afghanistan stockt: 2008 hatte der Staatskonzern MCC die Schürfrechte für die Kupfermine

Aynak erworben, in der die drittgrößten Vorkommen der Welt vermutet werden. China versprach, 3 Milliarden Dollar zu investieren. Bislang haben jedoch nicht einmal die Vorbereitungen für die Abbauarbeiten begonnen.

Pakistan ist ein zweiter Gewinner der Rückkehr der Taliban an die Macht. Ministerpräsident Imran Khan gratulierte ihnen noch am 15. August dazu, »die Fesseln der Sklaverei« gebrochen zu haben.[26] Die Taliban waren bei der Eroberung des Landes und der Hauptstadt Kabul von pakistanischen Militärs strategisch beraten worden. Das zahlte sich zweifach aus: Pakistan weiß nun in Kabul eine Bewegung an der Macht, die in seiner Schuld und loyal zur Führung in Islamabad steht, also nicht mit Indien zusammenarbeiten wird. Und Pakistan, das für seine Afghanistan-Politik viel kritisiert wurde, ist nun wieder das Land, an dem kein internationaler Akteur vorbeikommt, wenn es um Afghanistan geht.

Pakistan errang gegenüber Indien einen Punktsieg, denn mit dem Sturz der prowestlichen Regierung in Kabul kann Indien nicht mehr in den Ausbau des iranischen Hafens Chahbahar investieren, den Neu-Delhi zu einem Gegengewicht zum pakistanischen Hafen Gwadar machen wollte. Indien hat zwei Routen, um mit Afghanistan und Zentralasien Handel zu treiben: Die eine führt durch Pakistan (was Indien jedoch vermeiden will), die andere über Iran, das von den Vereinigten Staaten sanktioniert wird. Washington erlaubte Indien, auf den Hafen Chahbahar in Iran auszuweichen; dies geschah jedoch zu einem Zeitpunkt, als die US-Administration die Regierung Ghani in Kabul stabilisieren wollte. Mit deren Sturz werden die USA die Zustimmung zur Nutzung des iranischen Hafens seitens Indien zurückziehen, wodurch Indien für Pakistan in Zentralasien ein weit weniger wichtiger Wettbewerber sein wird. Zudem hat Pakistan nun mit einem propakistanischen Afghanistan eine strategische Tiefe, die es dem Land erlaubt, sich auf Indien zu konzentrieren. Das könnte die Führung in Islamabad dazu verleiten, aggressiver gegen den von Indien kontrollierten, aber von Pakistan beanspruchten Teil Kaschmirs vorzugehen.

Die Entwicklung in Afghanistan ist auch für Pakistan mit Risiken verbunden. Ohne eine Stabilisierung Afghanistans drohen neue Flüchtlingsströme, und die Instabilität könnte auf Pakistan übergreifen – sei es durch Terroranschläge der pakistanischen Taliban TTP und anderer extremistischer Gruppen, die von Afghanistan aus operieren, oder sei es, weil sich in Pakistan selbst islamistische Extremisten durch den Sieg der Taliban ermutigt sehen. Offenbar ist deshalb auch China beunruhigt, denn Peking hält vorläufig ein Abkommen zurück, das die industrielle Zusammenarbeit innerhalb des Wirtschaftskorridors vorantreiben soll. In Pakistan und anderen Nachbarstaaten sind daher viele davon überzeugt, dass die Vereinigten Staaten mit ihrem Abzug aus Afghanistan bewusst einen Unruheherd geschaffen haben, um Länder wie China, Iran und Pakistan zu schwächen.

Nachdem Indien in den vergangenen zwanzig Jahren in Afghanistan mehr als 3 Milliarden Dollar in den Bau von Straßen, Schulen und Krankenhäusern investiert hat, wird sich die Führung in Neu-Delhi nicht so leicht geschlagen geben. Zur Eröffnung des neuen Parlamentsgebäudes, das von einem indischen Unternehmen erbaut worden war, reiste 2015 sogar der indische Ministerpräsident Narendra

Modi nach Kabul. Indien, das zu weiteren Investitionen in Afghanistan bereit ist, wirbt mit den engen historischen Beziehungen zwischen den beiden Ländern (so wurde das Mogulreich von Kabul aus gegründet) und hofft, über die islamische Hochschule *Dar al-Ulum* in Deoband Einfluss auf die Taliban nehmen zu können.[27]

Iran will ebenfalls seine engen kulturellen und historischen Verbindungen zu Afghanistan für einvernehmliche Beziehungen mit den Taliban nutzen. Im Vordergrund stehen jedoch die potenziellen Gefahren für Irans nationale Sicherheit.[28] So sieht sich das Land als Schutzmacht der schiitischen Hazara in Afghanistan und fürchtet daher die extreme antischiitische Ideologie der Taliban. Die Taliban könnten zudem Aufständische, aber auch die extremistischen Gruppen in Afghanistan zu Anschlägen im unruhigen iranischen Osten ermuntern. Das hielt die Realpolitiker in der Islamischen Republik allerdings nicht davon ab, in den Monaten vor dem Abzug der US-Amerikaner ihre Kontakte zu den Taliban zu intensivieren und der Eröffnung eines Büros der Taliban in Maschhad nahe der Grenze zu Afghanistan zuzustimmen. Noch im Juli 2021 hielt sich eine ranghohe Delegation der Taliban in Teheran auf.

Iran will seiner Schutzmachtrolle für die Schiiten gerecht werden, die in der Regierung der Taliban nicht vertreten sind, obwohl sie ein Zehntel der Bevölkerung stellen. Deshalb sorgte Teheran dafür, dass ein Teil der Fatemiyun-Brigade nach Afghanistan zurückgekehrt ist und ihre erfahrenen Kämpfer dort die Schiiten beschützen. Der Brigade gehören überwiegend Afghanen an, die in der Vergangenheit nach Iran geflohen waren und dann in Syrien an der Seite des Assad-Regimes kämpften. Iran sieht in der Rückkehr der Taliban vor allem eine Gelegenheit, seine »Achse des Widerstands« nach Osten zu erweitern. Diesem von Teheran angeführten Verbund, der sich gegen die Vereinigten Staaten und Israel richtet, gehören unter anderem Syrien und Organisationen wie die Hizbullah und Hamas an. Gute Beziehungen zu den Taliban braucht Iran aber auch, um den Drogenschmuggel einzudämmen, denn die Islamische Republik gehört zu den Ländern mit den meisten Drogenabhängigen weltweit.

In der arabischen Welt ist Qatar das einzige Land, das zu den Taliban gute Beziehungen unterhält. Diese hatten 1996 in Doha ihre erste Auslandsvertretung überhaupt eingerichtet; nach der Schließung 2001 wurde sie 2013 wiedereröffnet. Die qatarische Führung führte erstmals im Juli 2018 Vertreter der US-Administration und der Taliban zu Verhandlungen in Doha zusammen, die in das Abkommen vom 20. Februar 2020 mündeten. Im August 2021 spielte Qatar mit seinen guten Beziehungen zu den Taliban bei den Evakuierungsaktionen aus Kabul eine wichtige Rolle. Zudem hat die Muslimbruderschaft, die ebenfalls mäßigend auf die Taliban einzuwirken versucht, ihren inoffiziellen Sitz in Doha. Als die Taliban zunächst ankündigten, die Sekundarschulen für Mädchen zu schließen, reagierte Qatar mit scharfer Kritik und rief sie dazu auf, die Errungenschaften der vergangenen Jahre nicht aufzugeben.[29] Hingegen sind die Beziehungen der Taliban zu Saudi-Arabien schlecht, seit sich die Taliban 1998 weigerten, Bin Ladin den saudischen Behörden zu übergeben.

Russland, das im 19. Jahrhundert das erste *Great Game* auslöste und 1989 mit der Sowjetarmee am Hindukusch eine Niederlage erlitt, verhält sich auffällig zurückhaltend, als ob sich Moskau vor neuen Wunden fürchtet. Einerseits räumte Russland der US-Armee für den Nachschub nach Afghanistan Überflugrechte im russischen Luftraum ein, andererseits aber versorgte der Kreml die Taliban auch mit Waffen und Ausrüstungen. Im Juni 2020 erregte ein Bericht der »New York Times« Aufsehen, demzufolge der russische militärische Nachrichtendienst den Taliban Kopfgelder für jeden getöteten US-Amerikaner zahle.[30]

Wieder einmal wird Afghanistan zum Verhängnis, dass es aufgrund seiner geostrategischen Lage ein Spielball der großen Mächte ist, obwohl es aufgrund der Geographie seine Bevölkerung kaum ernähren kann und auf Hilfe von außen angewiesen ist. Wie auch immer die Wiederauflage des *Great Game* weiter verlaufen wird: Auch dieses Mal wird über die Zukunft Afghanistans nicht in Kabul entschieden, sondern in den internationalen Machtzentren. Und auch dieses *Great Game* illustriert erneut die Machtverschiebungen in Asien – und darüber hinaus in der Welt. Nach einem Jahrhundert des europäischen Kolonialismus und einem US-amerikanischen Jahrhundert erhebt nun die autoritäre Volksrepublik China den Anspruch, das 21. Jahrhundert zu prägen und zu gestalten. Darin fügt sich jetzt als ein wichtiges Verbindungsstück, das bislang gefehlt hat, Afghanistan ein.

AFGHANISCHE LEKTIONEN

Afghanistan ist schwer zu regieren. Dafür gibt es zwei Gründe: das Erbe der Geschichte, zu dem das British Empire, die Sowjetunion und die Vereinigten Staaten beigetragen haben, sowie das kulturelle Beharrungsvermögen der konservativen Stammesgesellschaft, die in den ländlichen Gebieten fest verankert ist. Zusammen bilden sie ein Geflecht, das Afghanistan von allen Ländern unterscheidet und das erklärt, weshalb das Land nicht zur Ruhe kommt.

Das British Empire gewann zwar sein *Great Game* mit Russland und schirmte Indien erfolgreich mit Afghanistan als Pufferzone ab; den Preis dafür zahlen heute aber die Afghanen, sowohl für die 1893 gezogene Durand-Linie als auch für das 1901 geschaffene Niemandsland, das als die pakistanischen »Stammesgebiete unter Bundesverwaltung« (FATA) fortbesteht.

Der britische Kolonialbeamte Sir Mortimer Durand zog 1893 in der Absicht, einen stabilen Puffer zum zaristischen Russland zu schaffen, eine willkürliche Grenze quer durch das Siedlungsgebiet der Paschtunen. Diese Durand-Linie definiert immer noch Afghanistans Grenzen im Osten und im Süden. Bis heute hat sie jedoch keine afghanische Regierung anerkannt, bis in die 1970er-Jahre hatten nationalistische Afghanen im Gegenteil sogar Gebietsansprüche tief nach Pakistan hinein bis zum Indus erhoben. Die pakistanische Führung reagierte darauf stets, indem sie die Transportwege sperren ließ, die das Binnenland Afghanistan mit dem Hafen Karatschi verbinden.

Allerdings bestand die pakistanische Führung auch nie auf einer Anerkennung der Durand-Linie durch Afghanistan. Insbesondere Präsident Zia ul-Haq, der einen von Pakistan angeführten, tief nach Zentralasien hinein reichenden islamischen Block anstrebte, kam es zugute, dass es mit Afghanistan keine unumstrittene Grenze gab. So konnte er sich im Nachbarland militärisch einmischen, ohne auf den Vorwurf eingehen zu müssen, er würde internationales Recht verletzen. Seine Nachfolger unterstützten in Afghanistan ebenfalls nützliche Proxies – ihre erfolgreichsten Stellvertreter wurden die Taliban. Hinter diesem Vorgehen steht Pakistans alles überragendes Ziel, mit seinem Einfluss in Afghanistan eine strategische Tiefe für den Dauerkonflikt mit Indien zu schaffen.

Verhängnisvoll war auch eine zweite Entscheidung des British Empire. Die Pufferzone Afghanistan reichte den Briten nicht, deshalb legten Kolonialbeamte 1901 davor noch ein Niemandsland. In den sieben Stammesgebieten des Landstreifens regierten nach Gutdünken politische Agenten, also höhere Beamte. Sie hatten weitreichende Strafbefugnisse und konnten ganze Stämme bestrafen. Pakistan behielt diesen Status des Niemandslands bei, das nun »Stammesgebiete unter Bundesverwaltung« (FATA) hieß, und führte mit entsandten Verwaltern das repressive Verwaltungssystem fort. Die Stammesangehörigen hatten weiterhin keine politischen Rechte, sie konnten sich nicht an pakistanische Gerichte wenden, und bis 1996 ernannten allein die Stammesältesten ihre Vertreter für das Parlament von Islamabad.

Die Stammesgebiete sind bis heute unterentwickelt, die Alphabetisierungsrate ist niedrig, die Stämme gelten als rückständig und engstirnig. Für Pakistan ist es von Vorteil, dass sie auf beiden Seiten einer Grenze leben, die es nur auf der Landkarte gibt. Die pakistanische Armee benutzte die faktisch rechtsfreien Stammesgebiete wiederholt, um von ihnen aus in Afghanistan Einfluss zu nehmen, zuletzt nach 2001 zur Unterstützung für die Taliban. Geschützt durch die paschtunischen Stämme und die hohen Berge ließen sich nach ihrer Flucht aus Afghanistan im Oktober 2001 auch die »afghanischen Araber«, al-Qaida und andere Dschihadisten hier nieder. Hier wurden die großen Terroranschläge von Madrid, London und Bali geplant. Unverändert ist diese britische Hinterlassenschaft aus dem Jahr 1901 ein bedrohliches Terrornest unter den Augen des pakistanischen Staats.

Auf diesem britischen Erbe baut die sowjetische Hinterlassenschaft auf. Die Sowjetunion wollte nachholen, was dem zaristischen Russland im 19. Jahrhundert versagt geblieben war: sich Afghanistan auf dem Weg zu den warmen Weltmeeren einverleiben. Sie scheiterte jedoch ebenso, wie zuvor Russland gescheitert war. Die Sowjets schickten ihre Armee und begannen, Afghanistan mit ihrer sowjetisch-kommunistischen Moderne zu überziehen, kamen damit über einige Städte aber nicht hinaus. Die militärischen wie die kulturellen Besatzer stießen insbesondere in den ländlichen Gebieten, die von einem konservativen Wertekodex durchdrungen sind, auf heftigen Widerstand. Glaubenskrieger, die Mudschahedin, organisierten einen Widerstand, auf den die Besatzer mit einer Gewalt reagierten, wie sie das Land seit Dschingis Khan nicht erlebt hatte. Die islamische Welt solidarisierte sich mit Afghanistan; erstmals entstand eine militante islamische Internationale. Der dschihadistische Salafismus, zuvor lediglich ein Phänomen der arabischen Welt, hatte nun eine transnational operierende Organisation mit Sitz in Afghanistan: al-Qaida.

Die Sowjetunion wurde mit ihrer gescheiterten Besatzung nicht nur der Pate von al-Qaida. Zu Beginn der sowjetischen Einmischung war Afghanistan noch ein halbwegs funktionierender Staat, der jedoch implodierte, als die Sowjetarmee das Land verließ. In dem rechtsfreien Raum formierte sich – wie aus dem Nichts – eine neue Bewegung, die im paschtunischen Dorf Südafghanistans ihre Wurzeln hat: die Taliban. Sie füllte mit ihren islamischen Gerichten ein Rechtsvakuum, was ihren raschen Siegeszug begünstigte. Gescheitert ist die Sowjetunion, weil sie den Freiheitswillen der Stämme unterschätzte. Diese lehnten alles ab, wofür die Sowjetunion stand: die Fremdherrschaft, den kommunistischen Zentralstaat, der in ihr Leben eingriff, und die Veränderungen, die er durchsetzen wollte, etwa die Befreiung der Frau aus der patriarchalischen Gesellschaft.

Die Sowjets ließen einen gescheiterten Staat zurück, den nach ihnen auch die Taliban nicht stabilisierten, und einen transnationalen Terror, der den Westen ins Visier nahm. Das war die Ausgangslage, als die Vereinigten Staaten ihren Krieg gegen den Terror begannen. Deren erster Fehler war, dass sie zu lange das britische Erbe in Afghanistan vernachlässigten: dass Paschtunen auf beiden Seiten der Grenze zusammenhalten. Aufständische wie die Taliban konnten sich dadurch in sichere Gebiete in Pakistan zurückziehen und aus diesen heraus operieren. Der zweite Fehler der US-Amerikaner bestand darin, wie die Sowjets auf die Städte und den Zentralstaat zu setzen. Damit unterschätzten sie die Macht der ländlichen Gebiete ebenso wie den Gegensatz von Stadt und Land. Während nämlich eine urbane Elite eine fremde Moderne eingeführt hatte, widersetzte sich die traditionelle Stammesgesellschaft auf dem Land allen Veränderungen.

Die Vereinigten Staaten und ihre Partner hatten irrtümlicherweise geglaubt, mithilfe eines Zentralstaats ein Land in den Griff zu bekommen, das sich immer nur in kurzen Phasen einer Zentralgewalt gebeugt hatte. Und sie übersahen, dass die Korruptionsmaschine, die sie mit dem künstlichen, von ihnen alimentierten Zentralstaat in Bewegung gesetzt hatten, die Menschen noch mehr gegen sich aufbringen würde. Ferner scheiterten die Vereinigten Staaten daran, dass sie die *Operation Enduring Freedom* nicht konsequent fortführten, sondern ihr Hauptaugenmarkt bereits nach wenigen Monaten auf den Irak und den Sturz von Saddam Hussein richteten.

Auch die Vereinigten Staaten hinterließen in Afghanistan keinen funktionsfähigen Staat. Dem Westen war es dort weder um ein noch anspruchsvolleres *nation building* gegangen noch um die Einführung von Demokratie, was an der traditionellen afghanischen Gesellschaft gescheitert wäre. Eine Demokratie akzeptiert Meinungsverschiedenheiten, ein demokratischer Prozess hält sie aus. Die traditionelle afghanische Gesellschaft will interne Konflikte aber beilegen und nicht in einem demokratisch verfassten

Staat ausleben. Einem Staat billigt sie als einzige Aufgabe zu, als Vermittler und Richter bei Konflikten dann tätig zu werden, wenn er herbeigerufen wird.

Nach dem Sturz der Taliban und der Eliminierung von al-Qaida war das Ziel, einen Staat aufzubauen, idealerweise einen starken Zentralstaat, der Recht und Ordnung durchsetzen würde. Dieser Versuch ist gescheitert, weil er ausblendete, dass insbesondere die paschtunischen Stämme starke Staaten stets als Unterdrücker wahrnahmen, gegen die sie sich in der Geschichte immer wieder aufgelehnt hatten.[1] Traditionell regeln sie ihre Innenbeziehungen in einer Ordnung, die uns wie eine geordnete Anarchie erscheint. In ihr gibt der Wertekodex der Paschtunen, *Paschtunwali*, die Regeln für das Verhalten des Einzelnen vor. Bestenfalls besitzt als Quelle von Ordnung noch die islamische Scharia Legitimität. Was entwickelte Staaten als rationale Verwaltung anstreben, lehnen diese Gesellschaften aber als eine Anmaßung von Tyrannei ab.

Der Staat, der in Afghanistan nach 2001 aufgebaut wurde, war nicht stark, sondern schwach. Er reichte nicht über die Hauptstadt Kabul hinaus, den Stämmen auf dem Land konnte er seinen Willen nicht aufzwingen. Das wurde ein weiteres Problem, da sich der schwache Staat auf lokale Warlords stützte, die mit Gewalt vorgingen und in der Bevölkerung verhasst waren. Dieser Hass übertrug sich auf jene, die den Staat von außen zu festigen versuchten, also auf die ausländischen Mächte. Zudem ist in den ländlichen Gebieten die Abneigung gegen die moderne, »dekadente« Stadt tief verwurzelt. Jetzt stehen aber auch die Taliban vor der Herausforderung, die Afghanen – und unter ihnen insbesondere die ländlichen Paschtunen –

mit dem Staat zu versöhnen, denn ohne funktionsfähigen Staat wird es in Afghanistan keine Stabilität geben.

Können die paschtunischen Taliban eine solche stabile Herrschaft errichten? Der Brite Anatol Lieven, einer der besten Kenner Afghanistans im Westen, knüpft das an drei Voraussetzungen: Internationale Geldgeber müssen das Land subventionieren, was im Gegenzug zur Bekämpfung des Drogenanbaus und dschihadistischer Terrorgruppen geschehen kann. Die Taliban müssen Zugeständnisse an die kulturelle Moderne machen, um Technokraten im Land zu halten und auch Vertrauen der internationalen Geldgeber zu gewinnen. Schließlich müssen die Taliban, die sich nahezu ausschließlich aus Paschtunen rekrutieren, den anderen großen Volksgruppen in deren Siedlungsgebieten Autonomie und Sicherheit garantieren sowie ihnen am Staat – dem der Taliban – eine Teilhabe einräumen.

Ob das so eintreten wird oder nicht: »Die Taliban werden die mächtigste militärische und politische Kraft unter den Paschtunen Afghanistans bleiben«, schreibt Lieven. »Sie werden ihrer Version der konservativen, ländlichen, islamischen paschtunischen Kultur treu bleiben, und sie werden sich niemals ergeben.«[2]

Bereits bei der Rückkehr der Taliban stand das Land aber am Abgrund. Schon vor dem Winterbeginn 2021 waren 23 Millionen Afghanen auf Nahrungsmittelhilfe angewiesen; mehr als die Hälfte der Afghanen besaßen nicht genügend Einkommen, um sich ernähren zu können. Die größte Dürre seit vier Jahrzehnten ruiniert die Landwirtschaft. Ohne ausländische Hilfe droht der Kollaps des Staates, was durch den Exodus von Fachkräften beschleunigt wird. Der afghanische Reststaat kann auch nicht länger ausreichend Dienstleistungen bereitstellen, da die fremden Geldgeber ausfallen, die bislang drei Viertel zum Staatshaushalt beigetragen haben. Und Nachbarländer stellen die Lieferung von Strom ein, weil Afghanistan die Rechnungen nicht mehr bezahlen kann.

Die Wirtschaft ist im freien Fall. Doch wer steht für Hilfen bereit? China und Russland halten sich bedeckt. China kündigte im September 2021 als humanitäre Hilfe magere 31 Millionen Dollar an, und dem Kreml reicht es, sich den zentralasiatischen Nachfolgestaaten der Sowjetunion als Sicherheitsgarantie zu empfehlen. In der arabischen Welt haben die Taliban außer Qatar keine Freunde. Nicht gut sind ihre Beziehungen zur Türkei, die sich als Schutzmacht der Turkvölker und damit unter anderem der Usbeken Afghanistans versteht; ihr Führer Raschid Dostum fand daher in der Türkei Zuflucht. Schutzmacht der Schiiten ist Iran, aber auch die schiitischen Hazara spielen im »Islamischen Emirat« der Taliban keine Rolle.

Es bleibt der Westen. Er hat seine Finanzhilfen auf Eis gelegt, und die Vereinigten Staaten haben die von ihr verwalteten afghanischen Währungsreserven eingefroren. Die Europäische Union knüpft künftige Hilfen an das Emirat der Taliban an fünf Bedingungen: die geordnete Ausreise aller Ausländer und Afghanen, die das Land verlassen wollen; Respekt vor den Menschenrechten und Grundfreiheiten; freier Zugang für humanitäre Operationen; die Verhinderung terroristischer Aktivitäten in Afghanistan; die Bildung einer Regierung, die alle Volksgruppen einschließt.

Der Westen steht in Afghanistan vor einem Dilemma: Leistet er Hilfen, die das Land vor dem Kollaps bewahren, stabilisiert er die Herrschaft der Taliban, die diese Hilfen zudem als Anerkennung ihrer Herrschaft auslegen würden. Tut er es nicht, kollabieren Staat und Gesellschaft, was neue Flüchtlingsströme auslöst, die auch Europa erreichen können, und Terrorgruppen einen rechtsfreien Raum verschafft.

Die Lösung muss sein, aus dem Fehler der Vereinigten Staaten zu lernen, die im Februar 2020 ihren Rückzug aus Afghanistan nicht an Bedingungen geknüpft hatten. Jede einzelne Finanzhilfe muss daher an konkrete Konditionen geknüpft werden, etwa an praktische Schritte bei der Schulbildung der Mädchen oder an die Freiheit der Frauen zu arbeiten, bevor weitere Hilfen ausbezahlt werden. Mit bedingungslosen Hilfen würde der Westen nur einen Staat stabilisieren und anerkennen, der seinen Werten diametral entgegensteht.

Ein solches *quid pro quo*, bei dem die Taliban für Hilfen eine Gegenleistung erbringen, könnte einen stabilen Rahmen für einen innerislamischen Dialog schaffen, der die Taliban zur Vernunft bringt. Der Erfolg eines solchen Dialogs wäre auch im Interesse des Westens. Denn die Taliban werden auf absehbare Zeit der wichtigste afghanische Akteur bleiben. Solange sie mit dem Rücken zur Wand stehen, werden sie jedoch nicht gegen die militanten Gruppen vorgehen, die zwar für den Westen eine Gefahr sind, nicht aber für die Taliban selbst.

Die Rückkehr der Taliban an die Macht ist ein Pyrrhussieg: Die Zurückhaltung der westlichen Geldgeber beschleunigt den freien Fall der afghanischen Wirtschaft, und die Taliban sind zu schwach, um das Sicherheitsvakuum zu füllen, das mit dem US-amerikanischen Rückzug entstanden ist und das Terrorgruppen wie der »Islamische Staat Provinz Khorasan« (ISPK) und al-Qaida nutzen können. Insbesondere der ISPK hat ja die Taliban zu seinem Feind erklärt und bekämpft sie. China und Russland wollen weder das Sicherheitsvakuum füllen noch massive Wirtschaftshilfe leisten. Jedoch will China Afghanistan in seinen Orbit ziehen, um die Vereinigten Staaten weiter aus Asien zu drängen. Im *Great Game* um Afghanistan hat eine neue Runde begonnen, dieses Mal mit mehr als zwei Mächten. Das Land bleibt Schauplatz internationaler Konflikte. Scheitert Afghanistan, bedroht es den Westen – durch Terrorismus und durch Flüchtlinge. Der Westen wird sich auch nach seinem Rückzug mit Afghanistan beschäftigen müssen.

USBEKISTA
TURKMENISTAN
Marw
Term
Mazar-e
Scharif
Maschhad
Herat
AFGHANISTAN
IRAN
Kandahar
Quett

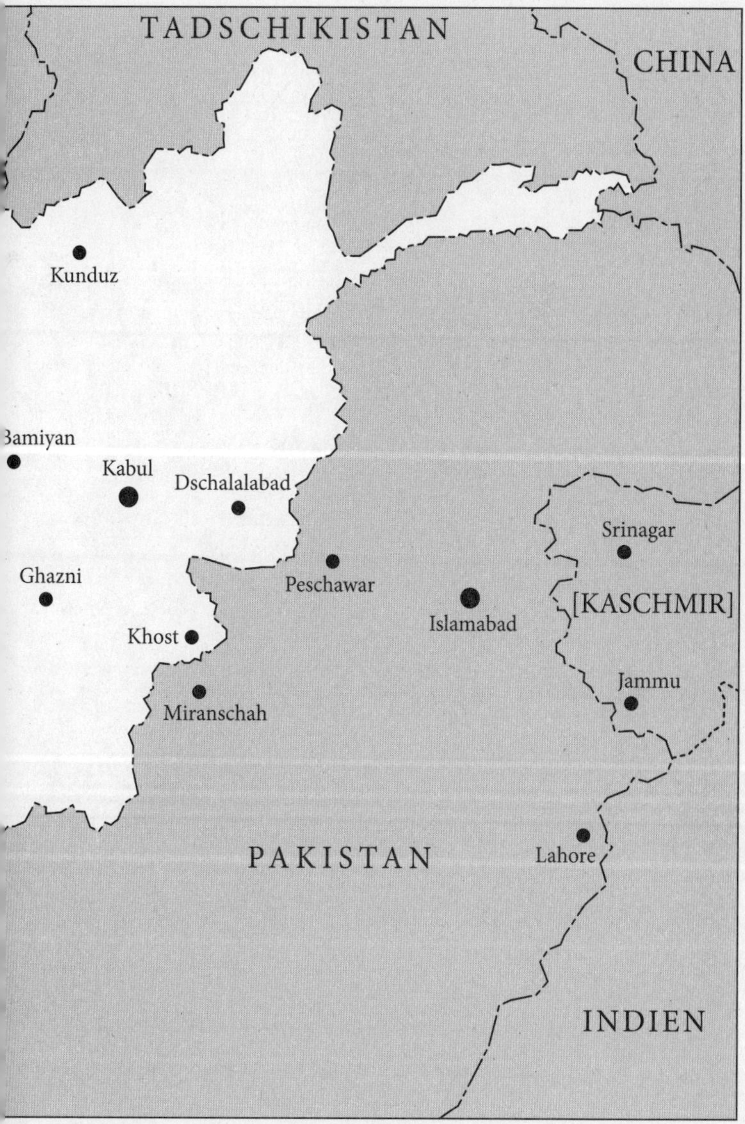
TADSCHIKISTAN
CHINA
Kunduz
Bamiyan
Kabul
Dschalalabad
Srinagar
Peschawar
Ghazni
Islamabad
[KASCHMIR]
Khost
Jammu
Miranschah
PAKISTAN
Lahore
INDIEN

ANMERKUNGEN

1. Ein Land, von niemandem auf Dauer erobert

1 Schetter (2017), S. 12.
2 Rashid (2010), S. 7, 9.
3 Schetter (2017), S. 11.
4 Tanner (2009), S. 323.
5 Rashid (2010), S. 7.
6 Lieven (2021a), S. 8.
7 Schetter (2021), S. 28.
8 https://de.wikipedia.org/wiki/Afghanistan, abgerufen am 12. November 2021.
9 Tanner (2009), S. 64.
10 Rashid (2010), S. 83–88.
11 Schetter (2017), S. 26.
12 Rashid (2010), S. 10.
13 Lieven (2021a), S. 12f.
14 Lieven (2021a), S. 28.
15 https://de.wikipedia.org/wiki/Afghanistan#Bildung, abgerufen am 12. November 2021.
16 Dalrymple (2013), S. 26.
17 Rashid (2010), S. 8.
18 Schetter (2019), S. 145.
19 Neue Zürcher Zeitung vom 31. August 2021: Konfliktreiche Bodenschätze im armen Afghanistan.
20 https://www.reuters.com/world/asia-pacific/what-are-afghanistans-untapped-minerals-resources-2021-08-19/
21 Tanner (2009), S. 336–338.

2. Der lange Weg zur Unabhängigkeit

1 Tanner (2009), S. 17–51.
2 Ball (2019), S. 203, 291f.
3 Tanner (2009), S. 63f.
4 Tanner (2009), S. 81–107.
5 Schetter (2017), S. 43.
6 Marozzi (2021), S. 291–319.
7 Tanner (2009), S. 109f.
8 Tanner (2009), S. 117–124.
9 Schetter (2017), S. 56.
10 Siehe die Karte in Schetter (2017), S. 57.
11 Dalrymple (2013), S. 9–23.
12 Dalrymple (2013), S. 25.
13 Dalrymple (2013), S. 30–73.
14 Tanner (2009), S. 133–187, Schetter (2017), S. 59–61.
15 Dalrymple (2013), S. 95–131.
16 Dalrymple (2013).
17 Dalrymple (2013), S. 136–195.
18 Dalrymple (2013), S. 247–254.
19 Dalrymple (2013), S. 265.
20 Dalrymple (2013), S. 299–305.
21 Dalrymple (2013), S. 348–351.
22 Dalrymple (2013), S. 355–388.
23 Tanner (2009), S. 186, Schetter (2017), S. 61.
24 Dalrymple (2013), S. 217.
25 Dalrymple (2013), S. 458–459.
26 Dalrymple (2013), S. 425–454, 464.
27 Tanner (2009), S. 201–217, Schetter (2017), S. 64–69.
28 Schetter (2017), S. 70–73.
29 Dalrymple (2013), S. 482.
30 Schetter (2017), S. 73–75.
31 Schetter (2017), S. 75–77, Tanner (2009), S. 222.
32 Schetter (2017), S. 83.
33 Tanner (2009), S. 226f.
34 Schetter (2017), S. 91.

35 Dietl (1983), S. 360–363.

36 Dietl (1983), S. 359.

3. Der lange Krieg beginnt

1 Dietl (1983), S. 368.

2 Schetter (2017), S. 99.

3 Al Saud (2021), S. 23.

4 Tanner (2009), S. 230–235, Schetter (2017), S. 97–102.

5 Tanner (2009), S. 235–238, Dietl (1983), S. 372 f.

6 Al Saud (2021), S. 50.

7 Al Saud (2021), S. 3.

8 Al Saud (2021), S. 9.

9 Al Saud (2021), S. 27–33.

10 Tanner (2009), S. 243–248.

11 Al Saud (2021), S. 35.

12 Schetter (2017), S. 104 f.

13 Al Saud (2021), S. 40.

14 Al Saud (2021), S. 39–48.

15 Tanner (2009), S. 257. Zum Kampf um das Tal: Tanner (2009), S. 257–262.

16 Schetter (2017), S. 105, Dietl (1983), S. 376 f.

17 Schetter (2017), S. 108.

18 Al Saud (2021), S. 58.

19 Al Saud (2021), S. 56 f.

20 Al Saud (2021), S. 81.

21 Al Saud (2021), S. 85.

22 Tanner (2009), S. 266 f.

23 Tanner (2009), S. 262–266.

24 Schetter (2017), S. 113 f.

25 Nada (2012), S. 74–76.

26 Al Saud (2021), S. 96 f.

27 Tanner (2009), S. 269 f.

28 Al Saud (2021), S. 100–105.

29 Al Saud (2021), S. 122–127.

30 Al Saud (2021), S. 139.
31 Al Saud (2021), S. 128f.
32 Schetter (2017), S. 119–122.
33 Al Saud (2021), S. 121.
34 Rashid (2010), S. 21–25.
35 Tanner (2009), S. 279, Rashid (2010), S. 25.
36 Al Saud (2021), S. 149.
37 Rashid (2010), S. 29, 31.
38 Tanner (2009), S. 281, Rashid (2010), S. 34.
39 Rashid (2010), S. 38f.
40 Rashid (2010), S. 41, 47f.
41 Tanner (2009), S. 283, Rashid (2010), S. 48–51.
42 Rashid (2010), S. 53f.
43 Rashid (2010), S. 63f.
44 Rashid (2010), S. 57–59.
45 Rashid (2010), S. 73–79.
46 Tanner (2009), S. 285.
47 Rashid (2010), S. 79f.
48 Al Saud (2021), S. 156–158.
49 Al Saud (2021), S. 66f.
50 Al Saud (2021), S. 60–68.
51 Rashid (2010), S. 130.
52 Diraz (1991), S. 43.
53 Al Saud (2021), S. 68f.
54 Rashid (2010), S. 131.
55 Diraz (1991), S. 15, 18.
56 Diraz (1991), S. 17.
57 Al Saud (2021), S. 75–78, Rashid (2010), S. 132.
58 Rashid (2010), S. 132.
59 Hermann (2018), S. 142–154.
60 al-Zawahiri (2001) vom 3.12.2001.
61 al-Zawahiri (2001) vom 8.12.2001.
62 al-Zawahiri (2001) vom 12.12.2001.
63 Diraz (1991), S. 6.
64 Al Saud (2021), S. 111.
65 Rashid (2010), S. 129.

66 Tanner (2009), S. 273 f.
67 Al Saud (2021), S. 113–121.
68 Al Saud (2021), S. 130–134.
69 Al Saud (2021), S. 162.
70 Rashid (2010), S. 139.
71 Rashid (2010), S. 134.
72 Al Saud (2021), S. 164–180.
73 Rashid (2010), S. 139.

4. Die erste Herrschaft der Taliban

1 Rashid (2010), S. 41, Baczko (2021).
2 Rashid (2010), S. 98.
3 Rashid (2010), S. 17, 23–25.
4 Rashid (2010), S. 101.
5 Rashid (2010), S. 100.
6 Baczko (2021).
7 Rashid (2010), S. 114–116, Schetter (2017), S. 113.
8 Rashid (2010), S. 29, 50, 70, 108.
9 Rashid (2010), S. 102.
10 Rashid (2010), S. 105–107, 114–116.
11 Rashid (2010), S. 237.
12 Schetter (2017), S. 132, Rashid (2010), S. 111.
13 Rashid (2010), S. 118–127, Schetter (2017), S. 134.
14 Gopal (2017), S. 9–16, Kotokey (2021), S. 206 f.
15 Haqiqat (2018), S. 21.
16 Lieven (2021a), S. 19.
17 Haqiqat (2018), S. 30–70.
18 Haqiqat (2018), S. 71–81.
19 Gopal (2017), S. 17–21, Kotokey (2021), S. 209–211.
20 Baczko (2021).
21 Rashid (2010), S. 88 f., Kotokey (2021), S. 214.
22 Rashid (2010), S. 90 f., Kotokey (2021), S. 215.
23 Gopal (2017), S. 27–30.
24 Rassler (2011), S. 34 f.

25 Rassler (2011), S. 2f., 52.
26 Rassler (2011), S. 35–37, 42.
27 Rashid (2010), S. 237.
28 Rassler (2011), S. 12.
29 Rassler (2011), S. 18f., 20f., 29.
30 Rassler (2011), S. 9.
31 Rassler (2011), S. 32.
32 Diraz (1991), Rassler (2011), S. 24f.
33 Rassler (2011), S. 27.
34 Rassler (2011), S. 39, Rashid (2010), S. 230.
35 Rassler (2011), S. 13f.
36 Rassler (2011), S. 15, 52.

5. Das Engagement des Westens

1 Tanner (2009), S. 292–295, 300.
2 Rashid (2010), S. 220.
3 Rashid (2010), S. 221, Schetter (2017), S. 138.
4 Schetter (2017), S. 137f.
5 Tanner (2009), S. 319.
6 Rashid (2010), S. 227.
7 Rashid (2010), S. 223–228.
8 Schetter (2017), S. 139–141.
9 Rashid (2010), S. 228–231.
10 Schetter (2017), S. 146.
11 Schetter (2017), S. 141–145.
12 Schetter (2017), S. 146.
13 Rashid (2010), S. 232, 237f.
14 Rashid (2010), S. 235.
15 Schetter (2017), S. 149.
16 Krause (2021), Schetter (2017), S. 149.
17 Clark (2021).
18 Jensen (2021).
19 Frankfurter Allgemeine Zeitung vom 21. August 2021: Ein fatales Gerücht und der Fall Afghanistans.

20 Chotiner (2021).
21 Cordesman (2021).
22 Krause (2021).
23 Lieven (2021a), S. 14–17.
24 https://www.brookings.edu/essay/the-fate-of-womens-rights-in-afghanistan/ und https://www.nationmaster.com/country-info/profiles/Afghanistan/Health
25 https://www.transparency.de/cpi/cpi-2020/cpi-2020-tabellarische-rangliste/ abgerufen am 12. November 2021
26 Frankfurter Allgemeine Zeitung vom 30. August 2021: Wo ist das ganze Geld für Afghanistan geblieben?
27 Neue Zürcher Zeitung vom 25. August 2021: »Nicht die Taliban, sondern wir haben den afghanischen Staat zerstört«.
28 Cordesman (2021).
29 https://carnegieendowment.org/2020/07/07/kabul-to-dubai-pipeline-lessons-learned-from-kabul-bank-scandal-pub-82189
30 Krause (2021), S. 7.
31 https://www.afghandispatch.com/afghan-ghost-soldiers/
32 Frankfurter Allgemeine Sonntagszeitung vom 29. August 2021: Wie ich Afghanistans Scheitern erlebte.
33 Cordesman (2021).
34 Krause (2021), S. 8.

6. Die zweite Herrschaft der Taliban

1 Financial Times vom 16. September 2021: Ghani escape foiled deal, says US-envoy.
2 Habiba Sarabi am 11. Oktober 2021 im Interview mit dem Autor.
3 Financial Times vom 11. September 2021: Female journalists test the Taliban's promises.
4 https://tolonews.com/index.php/afghanistan-173452
5 New York Times vom 20. Oktober 2021: The ›lucky‹ Afghan girls allowed to learn.
6 Frankfurter Allgemeine Sonntagszeitung vom 22. August 2021: Wer sind die Taliban heute?

7 Bàczko (2021).

8 Biographische Daten in: Neue Zürcher Zeitung vom 8. September 2021: Der Taliban-Chef wird zum neuen Emir.

9 https://www.reuters.com/article/us-afghanistan-taliban-exclusive-idUSKCN0Q51GK20150731

10 Kotokey (2021), S. 218.

11 https://www.bbc.com/news/world-asia-58560923

12 Neue Zürcher Zeitung vom 9. September 2021: Diese Männer regieren nun Afghanistan.

13 Bearden (2021).

14 Gopal (2017), S. 32–34.

15 Gopal (2017), S. 8, 41–44.

16 Interview des Autors mit Ali Muhiy al-Din al-Qaradaghi am 10. November 2021.

17 Gespräch mit Habiba Sarabi am 11. Oktober 2021.

18 https://www.reuters.com/world/blinken-says-he-ordered-reviews-state-depts-evacuation-efforts-out-afghanistan-2021-10-27/

19 Bearden (2021).

20 https://digitallibrary.un.org/record/3932645

21 Financial Times vom 28. Oktober 2021: Isis-K jeopardizes Taliban grip on Afghanistan.

22 https://www.afghanistan-analysts.org/en/reports/war-and-peace/another-iskp-leader-dead-where-is-the-group-headed-after-losing-so-many-amirs/

23 Steinberg (2021), S. 70.

24 McCoy (2021), S. 19.

25 Bearden (2021).

26 https://www.dawn.com/news/1640988

27 https://www.atlanticcouncil.org/blogs/new-atlanticist/a-strategic-assessment-from-india-kabuls-chaos-makes-pakistan-look-more-dangerous/

28 https://hosseinmousavian.com/iran-and-the-taliban-fast-friends-or-fierce-foes/

29 https://www.aljazeera.com/news/2021/9/30/qatar-taliban-afghanistan-eu-borrell

30 https://www.nytimes.com/2020/06/30/us/politics/russian-bounties-afghanistan-intelligence.html

Afghanische Lektionen

1 Lieven (2021b), S. 12–17.

2 Lieven (2021b), S. 20.

LITERATURVERZEICHNIS

Al Saud, Turki al-Faisal (2021): The Afghanistan File. Arabian Publishing, 2021.

Baczko, Adam (2021): Die Taliban sind keine totalitäre Bewegung. https://www.philomag.de/artikel/adam-baczko-die-taliban-sind-keine-totalitaere-bewegung vom 14. September 2021.

Ball, Warwick (2019): Spektakuläre Entdeckungen. In: Susan Whitfield (Hrsg.): Die Seidenstraße. Landschaften und Geschichte. Darmstadt, Wissenschaftliche Buchgesellschaft, 2019.

Bearden, Milton (2021): The Great Game Is Back, and Afghanistan Is at the Center of It. https://nationalinterest.org/feature/great-game-back-and-afghanistan-center-it-195268?page=0%2C2 vom 22. Oktober 2021.

Brian, George (2020): https://carnegieendowment.org/2020/07/07/kabul-to-dubai-pipeline-lessons-learned-from-kabul-bank-scandal-pub-82189 vom 7. Juli 2020.

Chotiner, Isaac (2021): David Petraeus on American Mistakes in Afghanistan. In: New Yorker vom 21. August 2021. https://www.newyorker.com/news/q-and-a/david-petraeus-on-american-mistakes-in-afghanistan

Clark, Kate / Ali, Obaid (2021): A Quarter of Afghanistan's Districts Fall to the Taleban amid Calls for a ›Second Resistance‹. https://www.afghanistan-analysts.org/en/reports/war-and-peace/a-quarter-of-afghanistans-districts-fall-to-the-taleban-amid-calls-for-a-second-resistance/ vom 2. Juli 2021.

Cordesman, Anthony (2021): The Reasons for the Collapse of Afghan Forces. https://www.csis.org/analysis/reasons-collapse-afghan-forces vom 17. August 2021.

Dalrymple, William (2013): Return of a King. The Battle for Afghanistan. London et al., Bloomsbury, 2013.

Dietl, Wilhelm (1983): Heiliger Krieg für Allah. Als Augenzeuge bei den geheimen Kommandos des Islam. München, Kindler, 1983.

Diraz, Essam (1991): Usama Bin Ladin yarwi: Ma'arak ma'sadat al-ansar al-arab bi-Afghanistan [Usama Bin Ladin erzählt: Die Schlachten der Löwenaufzucht der arabischen Helfer in Afghanistan]. Kairo, al-Manar al-jadid, 1991.

Gopal, Anand / Strick van Linschoten, Alex (2017): Ideology in the Afghan Taliban. Afghanistan Analysts Network, Juni 2017.

Haqiqat, Muska (2018): Das Pashtunwali zwischen Tradition und Moderne. Eine Studie zur zweiten Generation der Paschtunen in Deutschland. Hamburg, Diplomica Verlag, 2018.

Hermann, Rainer (2018): Das arabische Beben. Die wahren Gründe der Krise im Nahen Osten. Stuttgart, Klett-Cotta, 2018.

Jensen, Benjamin (2021): How the Taliban did it: Inside the ›operational art‹ of its military victory. https://www.atlanticcouncil.org/blogs/new-atlanticist/how-the-taliban-did-it-inside-the-operational-art-of-its-military-victory/ vom 15. August 2021.

Kotokey, Angana / Borthakur, Anchita (2021): The Ideological Trajectory within the Taliban Movement in Afghanistan. In: Asian Journal of Middle Eastern and Islamic Studies 2021, vol. 15, no. 2, S. 205–219.

Krause, Joachim (2021): Afghanistan – eine krachende Niederlage »des Westens«? ISPK Policy Brief Nr. 10 vom September 2021.

Lieven, Anatol (2021a): An Afghan Tragedy: The Pashtuns, the Taliban and the State. In: Survival, vol. 63, no. 3, Juni–Juli 2021, S. 7–36.

Lieven, Anatol (2021b): Afghanische Tragödie. Paschtunen, Taliban, Stämme, Warlords, Scharia und Staat. In: Lettre International 134, Herbst 2021, S. 12–20.

Marozzi, Justin (2020): Islamische Imperien. Die Geschichte einer Zivilisation in fünfzehn Städten. Berlin, Insel-Verlag, 2020.

McCoy, Alfred (2021): Kabuler Lektionen. In: Lettre International 134, Herbst 2021, S. X–11.

Nada, Youssef (2012): Inside the Muslim Brotherhood. London, Metro Publishing, 2012.

Rashid, Ahmed (2010): Taliban. Militant Islam, Oil and Fundamentalism in Central Asia. New Haven und London, Yale University Press, second edition, 2010.
Rassler, Don / Brown, Vahid (2011): The Haqqani Nexus and the Evolution of al-Qa'ida. West Point, Combating Terrorism Center, 2011.
Schetter, Conrad (2017): Kleine Geschichte Afghanistans. München, C.H. Beck, vierte Auflage 2017.
Schetter, Conrad (2021): Die Taliban als Hüter des Islam. In: Neue Zürcher Zeitung, 11. September 2021.
Steinberg, Guido (2021): Mutationen des Terrors. In: Cicero 10, 2021, S. 66–71.
Tanner, Stephen (2009): Afghanistan. A Military History from Alexander the Great to the War Against the Taliban. Philadelphia, Da Capo Press, revised edition 2009.
Zawahiri, Ayman al- (2001): Fursan tahta rayat al-nabi [Ritter unter dem Banner des Propheten]. Wiederabdruck in: al-Sharq al-Awsat in elf Teilen vom 2.12.2001 bis 12.12.2001.

PERSONENREGISTER